U0142186

新白話六法系列 011

勞動基準法

2022最新版

陳旻沂・著

書泉出版社 印行

出版緣起

　　談到法律，會給您什麼樣的聯想？是厚厚一本《六法全書》，或是莊嚴肅穆的法庭？是《洛城法網》式的腦力激盪，或是《法外情》般的感人熱淚？是權利義務的準繩，或是善惡是非的分界？是公平正義、弱勢者的保障，或是知法玩法、強權者的工具？其實，法律儘管只是文字、條文的組合，卻是有法律學說思想作為基礎架構。法律的制定是人為的，法律的執行也是人為的，或許有人會因而認為法律是一種工具，但是卻忽略了：法律事實上是人心與現實的反映。

　　翻閱任何一本標題為《法學緒論》的著作，對於法律的概念、共同的法學原理原則及其應用，現行法律體系的概述，以及法學發展、法學思想的介紹……等等，一定會說明清楚。然而在我國，有多少人唸過《法學概論》？有識之士感歎：我國國民缺乏法治精神、守法觀念。問題就出在：法治教育的貧乏。試看九年國民義務教育的教材，在「生活與倫理」、「公民與道德」之中，又有多少是教導未來的主人翁們對於「法律」的瞭解與認識？除了大學法律系的培育以外，各級中學、專科與大學教育中，又有多少法律的課程？回想起自己的求學過程，或許您也會驚覺：關於法律的知識，似乎是從報章雜誌上得知的占大多數。另一方面，即使是與您生活上切身相關的「民法」、「刑法」等等，其中的權利是否也常因您所謂的

「不懂法律」而睡著了？

　　當您想多充實法律方面的知識時，可能會有些失望的。因為《六法全書》太厚重，而一般法律教科書又太艱深，大多數案例式法律常識介紹，又顯得割裂不夠完整……。

　　有鑑於此，本公司特別邀請法律專業人士編寫「白話六法」叢書，針對常用的法律，作一完整的介紹。對於撰文我們要求：使用淺顯的白話文體解說條文，用字遣詞不能艱深難懂，除非必要，儘量避免使用法律專有名詞。對於內容我們強調：除了對法條作字面上的解釋外，還要進一步分析、解釋、闡述，對於法律專有名詞務必加以說明；不同法規或特別法的相關規定，必須特別標明；似是而非的概念或容易混淆的觀念，一定舉例闡明。縱使您沒有受過法律專業教育，也一定看得懂。

　　希望這一套叢書，對普及法律知識以及使社會大眾深入瞭解法律條文的意義與內容等方面都有貢獻。

推薦序

　　勞動基準法的制定，就保障勞工權益、促進社會與經濟發展的立場而言，無疑是一個新的里程碑。它規定出勞動條件的最低標準，使以往一直處於弱勢的勞工權益獲得應有的保障；換個角度來說，如果從整個國家發展利益來看，則它又有加強「勞雇關係」、健全社會經濟發展；創造勞、資、社會三贏的積極功能，重要性自不待言。

　　陳律師旻沂兄，出身名校，是台灣大學法律系畢業的高材生。本人有幸，曾與其共事近一年時間，其間對陳律師高深的法學素養、嚴謹的治事精神，以及誠懇的待人態度，印象十分深刻。近年來，陳律師利用執業之餘執筆為文，近著《勞動基準法》亦即將要付梓，囑余為序，雖自揣不逮，仍欣然應諾，為免卻之不恭也。

　　本書針對勞動基準法86條條文，以逐條闡釋方式成書，對於每個條文，作者均能以其多年執業經驗，配合舉陳日常生活中，勞資雙方經常發生的案例佐以說明，並參酌行政機關、司法機關及大法官會議之釋示，提出個人看法。讀者可從其分析法條深入淺出，剖析事理有條不紊的內容撰寫中見其功力之深；而作者個人看法部分則經常會有精闢獨到的見解出現，是

本書一大特色，也是國內從事法學研究者、司法工作者、勞工行政者、企業家與勞工朋友們人人必讀的好書，特此為序，鄭重推薦。

前行政院公平交易委員會主任委員

湯金全　謹識

自 序

　　雇主為了企業的經營，有滿腹的苦水，而勞工身為經濟上的弱者，也有一身的委屈；如何協調兩者的關係，一直是大家努力的方向。

　　勞動基準法提供了一個協調的基礎、一個基本的遊戲規則，而本書則嘗試用最原始的方式——逐條文一一介紹，並儘量蒐集相關的法令及行政、司法機關的見解，以提供一個瞭解這個遊戲規則的管道。由於作者學經歷之不足，錯誤疏漏之處，在所難免，尤其本書初稿完成之後，又逢部分條文之修正增訂，本書雖已就該部分條文予以納入介紹，但與其他條文之介紹間若有不甚連貫之處，尚祈各位讀者諒察並惠賜指教。

　　此外，衷心感謝書泉出版社提供的出版機會及編輯人員的辛勞，並感謝學弟黃維琛之協助、摯友張寧、張澤平及侯永福等律師之大力指正，以及湯金全律師於為民喉舌、監督問政之百忙中猶能多加指導並惠賜序文。

　　最後，亦要特別感謝愛妻倩玲於吾為文期間之容忍支持，以及愛犬「小不點」之膝下承歡，才能使本書得以順利完成。而本書若有些許得肯定之處，則更要再度歸功於上述幕後人員的諸多協助。

陳昱沂

凡　例

（一）本書之法規條例，依循下列方式輯印：

1. 法規條文，悉以總統府公報為準，以免坊間版本登載歧異之
   缺點。

2. 法條分項，如遇滿行結束時，則在該項末加「。」符號，以
   與另項區別。

（二）本書體例如下：

1. 導讀：針對該法之立法理由、立法沿革、立法準則等逐一說
   明，並就該法之內容作扼要簡介。

2. 條文要旨：置於條次之下，以（　）表示。

3. 解說：於條文之後，以淺近白話解釋條文意義及相關規定。

4. 實例：於解說之後舉出實例，並就案例狀況與條文規定之牽
   涉性加以分析說明。

（三）參照之法規，以簡稱註明。條、項、款及判解之表示如
　　　下……

　　條：1、2、3……

　　項：Ⅰ、Ⅱ、Ⅲ……

　　款：①、②、③……

　　但書規定：但

　　前段：前、後段：後

　　司法院34年以前之解釋例：院……

司法院34年以後之解釋例：院解……
大法官會議解釋：釋……
最高法院判例：……台上……
行政法院判例：行……判……

沿 革

勞動基準法

1. 民國73年7月30日總統令修正公布全文86條。

2. 民國85年12月27日總統令修正公布第3條條文;並增訂第30條之1、84條之1、84條之2條文。

3. 民國87年5月13日總統令修正公布第30條之1條文。

4. 民國89年6月28日總統令修正公布第30條條文。

5. 民國89年7月19日總統令修正公布第4、72條條文。

6. 民國91年6月12日總統令修正公布第3、21條、30條之1、56條條文。

7. 民國91年12月25日總統令修正公布第30、30條之1、32、49、77、79、86條條文;本法自公布日施行,但89年6月28日修正公布之第30條第1、2項規定自90年1月1日施行。

8. 民國97年5月14日總統令修正公布第54條條文。

9. 民國98年4月22日總統令修正公布第53條條文。

10. 民國100年6月29日總統令修正公布第75～79、80條條文;並增訂第79條之1條文。

11. 民國102年12月11日總統令修正公布第45、47、77、79條之1條文。

12. 民國104年2月4日總統令修正公布第17、28、55、56、78、

79、86條條文；並增訂第80條之1條文；除第28條第1項自公布後八個月施行外，自公布日施行。

13.民國104年6月3日總統令修正公布第4、30、79、86條條文；並自105年1月1日施行。

14.民國104年7月1日總統令修正公布第58條條文。

15.民國104年12月16日總統令修正公布第44、46條條文；並增訂第9條之1、10條之1、15條之1條文。

16.民國105年11月16日總統令修正公布第14條條文。

17.民國105年12月21日總統令修正公布第23、24、30條之1、34、36～39、74、79條條文；並自公布日施行；但第34條第2項規定，施行日期由行政院定之；第37條第1項規定及第38條條文，自106年1月1日施行。

18.民國106年12月27日總統令修正公布第61條條文。

19.民國107年1月31日總統令修正公布第24、32、34、36～38、86條條文；增訂第32條之1條文；並自107年3月1日施行。

20.民國107年11月21日總統令修正公布第54、55、59條條文。

21.民國108年5月15日總統令修正公布第2、9條條文；並增訂第22條之1條文。

22.民國108年6月19日總統令修正公布第63、78條條文；並增訂第17條之1、63條之1條文。

23.民國109年6月10日總統令修正公布第80條之1條文。

導　言

　　我國憲法第153條規定：「國家為改良勞工及農民之生活，增進其生產技能，應制定保護勞工及農民之法律，實施保護勞工及農民之政策。婦女兒童從事勞動者，應按其年齡及身體狀態，予以特別之保護」，而諸如工廠法（民國18年12月30日公布，民國20年8月1日施行）、勞工安全衛生法（民國63年4月16日公布，已於102年7月3日修正公布名稱為職業安全衛生法）等法律，雖亦為保護勞工之法律，但其適用範圍（工廠法只適用在發動機器之工廠）及目的（勞工安全衛生法旨在防止職業災害，保障勞工安全與健康）均有一定之限制，實無法保護全體勞工各方面之權益。

　　而此一勞方權益未受保護之狀況，直至勞動基準法（下稱本法）施行後，始獲改善。

　　本法共分為12章，第一章總則，係在揭示立法目的及適用範圍、用辭定義、主管機關等事項；第二章勞動契約，則在規範其種類、雇主及勞工終止勞動契約之條件與資遣費等事項；第三章工資，則在規範基本工資、工資給付之方式、加班費、工資優先受償權及工資墊償基金等事項；第四章則就工作時間、休息、休假等事項作規範；第五章則規範童工、女工之權益；第六章退休，則規範退休條件、退休金及年資之計算及勞工退休準備金等事項；第七章職業災害補償，則規範補償方法、受領順位及承攬人之連帶責任等事項；第八章則規範技術

生之權益；第九章工作規則，則就其內容及效力作規範；第十章監督與檢查，則規範勞工檢查機構之設置、檢查員之職權及勞工申訴權等事項；第十一章罰則，則規範違反本法時之處罰及處罰之對象等事項；第十二章附則，則規範勞資會議、公務員兼具勞工身分時之法令適用及施行日等事項。

又本法另訂有施行細則。而本法有未規定者，則適用民法（例如有關僱傭之規定）、職業安全衛生法、勞工保險條例、就業服務法等其他相關法律，若仍無相關法律規定，則按民法第1條之規定，依習慣、法理而判斷之。

雖說於民國73年7月30日本法公布，同年8月1日本法施行，才算是較為落實憲法之規定，但是因為其適用之範圍只侷限於製造業等七大行業，是故仍然留下是否有違憲法所保障之平等權（憲§7）及工作權（憲§15）之爭議，且在實務運作上亦產生諸多困擾（例如：同一雇主轄下之非該七大行業之部門，是否亦適用本法？），更令不適用本法之勞工產生「原來是為了保障勞工權益的法律，怎麼變成了限制勞工權益的法律？」之疑惑與議評。

是故，為了解決上述爭議困擾，並配合經濟社會環境之改變，本法又於85年12月27日公布部分修正、增訂之條文，而其修正重點則為「除確有窒礙難行者外，至遲於民國87年底以前，所有勞工將全面適用本法」、「納入可彈性分配工時之變形工時制度」及「確立勞工工作年資自受僱日起算、但資遣費及退休金給與標準不溯及既往、並分段計算給付」等三大項，雖難免仍會產生爭議，但對落實憲法規定及保障勞工權益，實係又向前邁進了一大步。同時，也期待在未來的修法過程中，能將勞資雙方的權益全面性地衡量，使之成為勞資雙贏的局面。

目 錄
Contents

|第一章|

總　則

解說

本條文指出本法所規定之勞動條件，對勞工權益而言是最低的標準，而不是唯一的標準，因此：

（一）雇主與勞工所訂勞動條件，優於本法所訂勞動條件者，則應依照所約定之較優勞動條件，雇主不可以事後反悔而以當時之約定「違法」（違反勞動基準法）為理由，主張無效或主張應回歸本法規定之勞動條件。

（二）雇主與勞工所訂勞動條件與本法所規定之勞動條件相同，則當然為法之所許且是不會產生爭議、不怕因違法而遭到處罰之做法。

（三）雇主與勞工所訂勞動條件，對勞工而言，低於本法所規定之勞動條件者，則雙方之僱傭關係仍屬有效存在，只是應依照本法所規定之勞動條件，雇主不僅不可以主張依照雙方所約定之勞動條件，而且也不可以主張雙方之

　　僱傭關係因「違法」而屬無效。

（四）雇主與勞工雖成立僱傭關係但未約定勞動條件或雖有約
　　　定，但仍有部分未約定者，則未約定之部分，應依照本
　　　法所規定之勞動條件。

　　勞動基準法（下稱本法）之立法目的，除了保障勞工權益
外，尚有加強勞雇關係及促進社會與經濟發展。這是因為如果
勞資之間沒有一套「遊戲規則」，則雙方為了維護本身的利益
勢必循環地抗爭與報復，如此不僅雙方弄得精疲力竭、兩敗俱
傷，而且對社會之安定及經濟之發展也會有負面的影響，所以
勞資雙方的和諧，才是勞資及社會大眾「三贏」的局面，而勞
動基準法的制定，正是在於提供這一套「遊戲規則」。

　　但是，這並不表示本法的立法目的亦在平等地保障雇主
的權益，因為勞工相對於雇主而言，是經濟上之弱者，實質上
並非與雇主立於有平等實力可以談判之地位，所以才需要制定
具有公法性質的本法，以介入原本是「兩廂情願」、「一個
願打，一個願挨」的私法（僱傭）關係，課以雇主保障勞工權
益的義務，以避免在「私法自治」、「契約自由」的神聖大旗
下，雇主藉由形式上白紙黑字的契約內容，而減損勞工之權
利（請參照最高法院97年度台上字第929號、106年度台上字第
1824號、107年度台上字第575號等民事判決）。至於資方權益
的保障，國家應係以輔導技術及服務水準升級、創造市場商
機、融資貸款等方式來創造，而不是以壓低勞工權益來降低成
本。而既然保障資方的權益是其他政策或法律的課題，不是本
法的立法目的，所以本法在適用上產生疑義時，應係做有利於
勞工的解釋，而不是做契約上、形式上平等的解釋。但此並非
意指絕對做不利於雇主之解釋，因為仍須兼顧雇主對於營運秩

序之管理權限，尤其是在工作規則之制定、請假秩序之管理等
方面，但此時仍應注意是否符合誠信原則，是否有濫用權利等
情形（請參照最高法院97年度台上字第13號、103年度台上字
第2700號、106年度台上字第89號、106年度台上字第1255號、
108年度台上字第2337號等民事判決，及最高行政法院108年度
裁字第1568號行政裁定）。

　　由此可見，本法之適用，須考量各個層面，如此才能達到
本法條揭示之立法目的。

　　本法未規定者，適用其他法律之規定，而所謂其他法律之
規定，至少包括下列幾種：

（一）民法

1. 例如雇主與勞工間關於「勞工自願拋棄加班費、資遣費、退
   休金請求權」之約定，依「法律行為，違反強制或禁止之規
   定者，無效」（民§71）之規定，會被認為是無效。但若是
   勞資雙方發生爭議之後，雙方各退一步，達成和解，勞工因
   而拋棄部分或全部之權利，則是有效的（民§737）。

2. 例如雇主不依本法之規定而有短發工資（包含基本工資、加
   班工資及假日工資等）之情形，勞工若對該次所短少的工資
   沒有在五年內提出請求或起訴，則請求權依民法第126條之
   規定將因五年間不行使而消滅，逾時除非雇主同意補足，否
   則勞工的請求會變成徒勞無功，這正是所謂「法律不保護在
   權利上睡覺的人」。同理，勞工若欲算舊帳而回溯請求以前
   每年雇主所短發的工資，則除非雇主就五年以前的工資亦願
   補足，否則勞工亦僅能回溯請求補足五年內的工資而已。

3. 例如民法第148條規定「權利之行使，不得違反公共利益，
   或以損害他人為主要目的。行使權利，履行義務，應依誠實

及信用方法。」關於「誠信原則」、「禁止權利濫用」之規定，於工作規則變動、雇主行使懲戒權、調職權、解僱權，甚至是勞工請求回復工作等爭議，常作為檢驗判斷是否有理由、是否有權利濫用之標準（請參照最高法院108年度台上字第2337號、109年度台上字第1753號、109年度台上字第2386號等民事判決，及最高行政法院108年度裁字第1568號行政裁定）。

4. 例如雇主主張依本法第11條或第12條之規定將勞工解僱，但嗣後法院認為雇主的主張沒有理由而判決確認雙方的僱傭關係仍係存在，則勞工可依民法第487條前段「僱用人受領勞務遲延者，受僱人無補服勞務之義務，仍得請求報酬」之規定，不但不用補服勞務，而且還可請求自非法解僱日起至重回工作之前一日止的工資，但依上開條文後段之規定，應扣除所減省之費用或於他處服勞務所取得或故意怠於取得之利益。

5. 例如民法第1條規定「民事，法律所未規定者，依習慣，無習慣者，依法理」，而「平等原則」雖未明文規定於條文之中，但應是法律的基本原理原則。因此若事業單位有自訂具優惠性質的工作規則，而其他勞工都有適用，惟獨對某位勞工不予適用，卻又無法說明差別待遇的合理理由，則可能會被認為是違反平等原則之不公平待遇，終而會被認為應一體適用，不得拒絕該勞工之請求（請參照最高法院106年度台上字第1255號民事判決）。

（二）職業安全衛生法

　　例如本法第8條及第七章等規定雖有提及職業災害，但並

未定義何謂職業災害，此時則應適用職業安全衛生法第2條第5款關於定義職業災害之規定：「指因勞動場所之建築物、機械、設備、原料、材料、化學品、氣體、蒸氣、粉塵等或作業活動及其他職業上原因引起之工作者疾病、傷害、失能或死亡。」

（三）職工福利金條例

本法第8條規定有關勞工福利事項，依有關法律之規定，而職工福利金條例則係所謂的有關法律之一。

（四）勞工保險條例

例如本法第59條規定「職業病之種類及其醫療範圍」、「殘廢補償標準」等事項，悉依勞工保險條例有關之規定。

（五）就業服務法

例如該法就雇主招募或僱用員工時之限制，以及對於外國人之聘僱與管理等，另有詳細之規定。

（六）性別工作平等法

為保障性別工作權之平等，貫徹憲法消除性別歧視、促進兩性地位實質平等之精神，乃制定該法，並自91年3月8日起施行。其中關於生理假、產假、陪產假、家庭照顧假及育嬰留職停薪等事項，均另有詳細之規定。

（七）職業災害勞工保護法

為保障職業災害勞工之權益，加強職業災害之預防，促進就業安全及經濟發展，乃制定該法，並自91年4月28日起施行。其中關於職業災害之賠償（雇主之責任）、補助（向勞工

保險局申請）、職業疾病之認定及鑑定、發生職業災害後之病假處理、終止勞動契約及資遣費、退休金等事項，均另有詳細之規定。

（八）勞工退休金條例

勞動基準法第53條至第55條雖有退休條件及退休金之規定，但因實際運作之結果，礙於第57條「勞工工作年資以服務同一事業者為限」之規定限制，能在同一事業服務如此長久而終能領取退休金之勞工人數比例甚低，不足以保障勞工退休後之生活。再加上，隨著就業市場之變遷及全球化時代之來臨，雇主必須視業務量適時調節人力，勞工亦須視自己之需求（尤其是部分工時工作者、家庭主婦、長青銀髮族……等）隨時變換工作，因此能在同一事業長久服務而符合領取退休金之勞工，恐係日益稀少。

為此，乃於93年6月30日制定公布「勞工退休金條例」，並於94年7月1日開始施行。又請特別注意，「資遣費」之制度亦在此法中有新的規定。

目前關於退休金及資遣費之制度，係存在著勞動基準法（舊制）及勞工退休金條例（新制）等二種制度，請各位讀者務必要依自己之情況辨識清楚所應適用之法律及制度，不要混淆了。

阿輝到大發營造股份有限公司工作已滿一年，便依公司內部之規定申請年休假十天，準備去環島賞鳥，不料公司方面卻以公司之規定違反勞動基準法第38條第1款「繼續工作一年以上二年未滿者，每年應給予特別休假七日」之規定為理由，只

同意阿輝休假七天。請問大發營造公司的主張有理由嗎？

　　大發營造公司與員工間關於年特別休假的勞動條件約定，顯然優於本法第38條第1款所規定之勞動條件，而因勞動基準法所定勞動條件只是最低標準，不是唯一標準，所以阿輝應享有年休假十天的較優待遇，從而大發營造公司主張公司的規定違反勞動基準法只准假七天，是沒有理由的。

第2條（名詞定義）

本法用詞，定義如下：

一、勞工：指受雇主僱用從事工作獲致工資者。

二、雇主：指僱用勞工之事業主、事業經營之負責人或代表事業主處理有關勞工事務之人。

三、工資：指勞工因工作而獲得之報酬；包括工資、薪金及按計時、計日、計月、計件以現金或實物等方式給付之獎金、津貼及其他任何名義之經常性給與均屬之。

四、平均工資：指計算事由發生之當日前六個月內所得工資總額除以該期間之總日數所得之金額。工作未滿六個月者，指工作期間所得工資總額除以工作期間之總日數所得之金額。工資按工作日數、時數或論件計算者，其依上述方式計算之平均工資，如少於該期內工資總額除以實際工作日數所得金額百分之六十者，以百分之六十計。

五、事業單位：指適用本法各業僱用勞工從事工作之機構。

六、勞動契約：指約定勞雇關係而具有從屬性之契約。

七、派遣事業單位：指從事勞動派遣業務之事業單位。

八、要派單位：指依據要派契約，實際指揮監督管理派遣勞
　　工從事工作者。

九、派遣勞工：指受派遣事業單位僱用，並向要派單位提供
　　勞務者。

十、要派契約：指要派單位與派遣事業單位就勞動派遣事項
　　所訂立之契約。

解說

　　本條文係對本法的名詞提出定義，其中較有爭議者為：

（一）勞工

　　是否屬於本法規定之勞工，涉及到勞工之工作權（可否
隨時終止契約）、加班費、資遣費及退休金等權利是否受到保
障？相對地，也影響雇主的人事成本，因此在一些特殊的職業
或職位（例如：經理、保險業務員……等），會產生爭議。

1. 委任關係下的受託人是否為勞工？

　　民法第二編第二章第七節係有關僱傭關係之規定，而第
十節則係有關委任關係之規定。僱傭關係與沒有報酬的委任關
係應係較易區別，而與有報酬的委任關係雖在理論上可以使用
「處理事務的自主性」的標準來區別（委任關係下的受託人處
理事務有較大的自主性，而僱傭關係的受僱人則係聽命從屬於
僱用人），但在實務上則係很難判斷，因為受託人不是沒有從
屬性，從而其自主或從屬程度之高低，便是一個隨人而異的事
實認定問題，而受僱人在提供勞務的過程中是否全然沒有自主
性，也是一個大問號。尤其就公司的經理、協理、副理、副總
經理，甚至是總經理等職務而言，看似受公司的委任（請參照

3

公司法§29）且大權在握，但實際上仍須向「上級」（例如：董事長、總裁）請示，甚至在「上級」的指揮命令下處理事務，因此又像是成立僱傭關係，於是「公司的經理是否為勞動基準法之勞工」這個問題，一直仁智互見、爭論不休。

　　最高法院近年來之判決趨勢，並不受限於形式上之職務名稱或契約關係，而係實質審查「人格從屬性」、「經濟從屬性」、「組織從屬性」、「勞務與報酬之對價關係」等各項因素，來判斷是否屬於本法所稱之勞工，例如：

①95年度台上字第1492號民事判決意旨

　　勞基法第2條第6款規定，約定勞雇間之契約為勞動契約。據此而言，凡是具有指揮命令及從屬關係者，均屬之，是亦未以僱傭契約為限。故公司負責人對經理，就事務之處理，若具有使用從屬與指揮命令之性質，且經理實際參與生產業務，即屬於勞動契約之範疇，該經理與公司間，即有勞動基準法之適用；反之，則否。

②96年度台上字第160號民事判決意旨

　　按公司之員工與公司間屬僱傭關係或委任關係，應以契約之實質關係為判斷。勞動契約之特徵在於從屬性，當事人間成立以供給勞務為內容之契約，縱兼有委任之性質，惟既有部分從屬性存在，基於保護勞工之立場，仍應從寬認定係屬勞動基準法所規範之勞雇關係。上訴人公司章程第23條雖規定：「本公司得設總經理一人，經理若干人，總經理之委任及解任須有董事過半數同意行之。經理之委任、解任，由總經理提請後，經董事過半數同意辦理」，惟其內容係著重在委任之程序，兩造間之實質法律關係，仍應依其契約以為判斷，尚難以前開章程之規定概認係屬委任關係。

被上訴人於上訴人之職稱雖為技術副總經理，但就事務之處理仍須經其上司即總經理之許可，總經理始為最後決策者，被上訴人並非決策者，亦無獨立之裁量權，此由上訴人之通告、業務會議紀錄、請款單上均經總經理之簽名即明。再參諸被上訴人在上訴人擔任技術副總經理一職，須實際參與生產業務之技術研發，並依上訴人組織體系與其餘員工分工合作，堪認被上訴人提供勞務之方式，係具有從屬性之特色。

雖上訴人提出部分請購單，其上僅有被上訴人之批示，然該請購單之內容，為上訴人分層負責授權之機制，非可作為被上訴人具有獨立裁量權之依據，不足以證明被上訴人為具有獨立裁量權之經理人。且上訴人提出緊縮人事成本暫緩發放津貼獎金之方案，被上訴人亦與其他一般員工同受拘束，亦見被上訴人並非具有裁量權之決策者，其職務確實係具有從屬性而非獨立性。

至被上訴人於任職技術副總經理期間曾同時擔任上訴人董事乙節，尚不足以作為認定兩造間屬委任關係而非僱傭關係之依據。兩造間之契約屬僱傭契約，而有勞動基準法之適用，堪予認定。

③96年度台上字第2630號民事判決意旨

按勞基法所規定之勞動契約，係指當事人之一方，在從屬於他方之關係下，提供職業上之勞動力，而由他方給付報酬之契約，就其內涵言，勞工與雇主間之從屬性，通常具有：A.人格上從屬性，即受僱人在雇主企業組織內，服從雇主權威，並有接受懲戒或制裁之義務；B.親自履行，不得使用代理人；C.經濟上從屬性，即受僱人並不是為自己之營業勞動而是從屬於他人，為該他人之目的而勞動；D.組織上從屬性，即納入雇

方生產組織體系，並與同僚間居於分工合作狀態等項特徵，初與委任契約之受委任人，以處理一定目的之事務，具有獨立之裁量權者迥然不同。

值得注意的是，因為被認定為本法所稱的勞工，在工作權（雇主終止契約有一定的限制）、資遣費、退休金等權利上係受本法的保障，而就委任關係而言，受託人則毫無上述權利之保障可言，兩者的差距極大，尤其是對工作數十年、由基層爬升而來的「理」字輩人員而言，許多勞動基準法所保障的權利可能在升遷的一剎那間即化為烏有。因此，吾人建議在升遷時，務必與公司以書面約定各項條件或乾脆約定本法所規定的各項勞動條件亦為雙方契約（不論是委任契約、承攬契約或僱傭契約）的一部分；若公司不同意，則只有在「升遷」與「勞工權益」保障二者間擇優而取了。由此可見，此一問題的爭論，不僅對勞工是一種困擾，對雇主而言，在拔擢、留聘人才方面也是一種困擾，實有必要儘速解決之。

(1) 公司的董事、監察人是不是勞工？

行政院勞工委員會（主管機關勞動部改制前）83年5月9日(83)台勞動一字第34178號函認為依公司法第192條之規定，公司與董事之間為委任關係，所以董事不是勞動基準法所稱之勞工。另81年5月18日(81)台勞動一字第14732號函則認為，依公司法第216條第2項及同法第222條之規定，監察人與公司之間亦係委任關係，所以監察人也不是勞動基準法所稱之勞工。

(2) 兼任公司董事之經理人，是否屬於本法之勞工？

最高法院96年度台上字第60號民事判決意旨則揭示：「惟勞動契約係當事人之一方，對於他方在從屬關係下提供其職業上之勞動力，而他方給付報酬之契約，與委任契約之受任人處

理委任事務時，並非基於從屬關係且可能無償者不同。兼任公司董事之經理人與公司間關係究為委任關係或勞動關係或係委任與勞動之混合契約關係，非可一概而論，仍應視其是否基於人格上、經濟上及組織上從屬性而提供勞務及其受領報酬與勞務提供間之關連綜合判斷。且兼任公司董事之經理人有無受公司指揮監督與有無代表公司權限為不同之概念，前者係以公司內部之上下服從關係為其內涵，後者則以有無對外代表公司權限為斷，兩者尚非必然相互排斥而無法併存。」亦即仍應作實質上之審查，不因「董事」或「經理人」之形式上名稱，即排除本法之適用。

另併予敘明者，因公司法第222條規定「監察人不得兼任公司董事、經理人或其他職員。」因此監察人並無此類兼職是否適用本法之爭議。

2. 保險業務員是否為勞工？或只是承攬人？

就民法之規定而言，第二編第二章第八節規定之承攬，與第七節規定之僱傭，乃是不同之契約關係，也就有不同之權利義務內容，因此在勞動市場上，「承攬」的型態，尤其是保險業務員，是否有本法之適用？多有爭議，且法院判決之見解也多有不同。後來於105年10月21日，司法院大法官會議做出第740號解釋：「保險業務員與其所屬保險公司所簽訂之保險招攬勞務契約，是否為勞動基準法第2條第6款所稱勞動契約，應視勞務債務人（保險業務員）得否自由決定勞務給付之方式（包含工作時間），並自行負擔業務風險（例如按所招攬之保險收受之保險費為基礎計算其報酬）以為斷，不得逕以保險業務員管理規則為認定依據。」

3. 外籍勞工是否有本法的適用？

勞動基準法是國家課以雇主保護勞工義務的法律，具公法性質，所以不論雇主所僱用的是本國籍勞工或外籍勞工，應均有本法的適用，而主管機關長久以來均是採肯定的立場，但業界偶有應予脫鉤處理之檢討聲音。另依就業服務法第46條第3項之規定，雇主依同條第1項第8款至第10款規定聘僱之外國人，其勞動契約依勞動基準法有關定期契約之規定辦理。

4. 派駐國外的我國勞工是否有本法的適用？

實務見解長久以來均是採取肯定之見解，請參照最高法院109年度台上字第2208號民事判決。

5. 部分時間工作、按件或按日計酬等勞工是否有本法的適用？

依本法第2條第1款關於勞工之定義，只要是受雇主僱用從事工作獲致工資者，即是勞工，並無排除不適用之規定。且依本法第2條第3款關於工資之定義，更明文包括「按計時、計日、計月、計件等給付方式」。可見計時、計日、按件計酬等勞工，與一般按月計酬之勞工一樣均有本法之適用。而主管機關及法院判決，長久以來均是採肯定之見解（請參照最高法院109年度台上字第3285號民事判決）。

而勞動部就此類工作者，有訂定「僱用部分時間工作勞工應行注意事項」及「部分時間工作勞工勞動契約參考範本」，以利勞資雙方依循。

6. 試用期間的勞工是否有本法的適用？

內政部（勞動基準法施行初期的主管機關）74年4月8日(74)台內勞字第296654號函、74年4月20日(74)台內勞字第308108號函及75年3月10日(75)台內勞字第389363號函都認為試

用期間的勞工亦有本法的適用。而關於試用期間之契約爭議，請見本書第二章「勞動契約」之介紹。

（二）雇主
1. 代表事業主處理有關勞工事務之人

例如經理級人員、廠長、人事主任、課長等應該都是屬於此類型所謂之雇主，並不限於掏腰包、付薪水的那位自然人或法人（公司），而是包括代表事業主處理有關勞工事務之人。所以，當人力資源部門的經理，依本法第11條或第12條規定，向某勞工表示終止勞動契約時，就發生了效力。而此類型的「雇主」便會同時具有「勞工」及「雇主」之雙重身分。

至於處理有關勞工事務之基層職員，如人事課員及會計人員，其雖處理計算工資、退休金等事務，但因無代表事業主的權能，所以應不算是此類型的雇主。

2. 權益與義務

本法大都是課以雇主義務，且若違反，還須以本法第十一章罰則的規定來處罰，其中還可能被判處五年以下有期徒刑。再者，雇主或雇主家屬若對於勞工實施暴行或有重大侮辱之行為，依本法第14條第1項第2款規定，勞工得不經預告終止契約；但是，勞工若對雇主或雇主家屬實施暴行或有重大侮辱之行為，則雇主可依本法第12條第1項第2款之規定，不經預告終止契約，這大概可算是雇主的權益吧！

3. 多數雇主關係之認定

依民法之概念，不同的主體，各自有其權利義務，不能混淆，例如A商號與B公司是不同的主體，B公司又與C公司是不同的主體。但在傳統家族產業，可能為了稅捐或其他因素之考量，而設立多家的商號或公司。而在現代之經營模式，亦可能

因轉投資而衍生多家公司，並形成關係企業。尤其在全球化布局之考量下，更可能在國際間設立不同之公司。但以上都有可能共用同一批員工。

而勞工在此類多數雇主關係之狀況下提供勞務（尤其是調動工作），通常不會去計較、確認雇主是誰，但是萬一產生勞資爭議，就會面臨該向誰請求起訴之難題。且這些多數雇主之間，或是為了脫免責任，或是為了製造勞工之困擾以讓勞工知難而退，亦不免互踢皮球，抗辯自己並非雇主。

揆諸最高法院近年來之見解，就認定誰是雇主的標準，運用民法的誠信原則而採取比較寬鬆、務實的看法。例如：

(1) 98年度台上字第652號民事判決

為保障勞工之基本勞動權，加強勞雇關係，促進社會與經濟發展，防止雇主以法人之法律上型態，規避不當解僱行為之法規範，杜絕雇主解僱權濫用之流弊，自可將與「原雇主」法人有「實體同一性」之他法人，亦無適當工作可供安置之情形併予考慮在內，即「原雇主」法人與另成立之他法人，縱在法律上之型態，名義上之主體形式未盡相同，但該他法人之財務管理、資金運用、營運方針、人事管理暨薪資給付等項，如為「原雇主」法人所操控，該他法人之人格已「形骸化」而無自主權，並有適當工作可供安置勞工，二法人間之構成關係顯具有「實體同一性」者，均應包括在內，始不失該條款（註：指勞基法第11條第4款）規範之真諦，庶幾與誠信原則無悖。

(2) 100年度台上字第1016號民事判決

按為保障勞工之基本勞動權，加強勞雇關係，促進社會與經濟發展，防止雇主以法人之法律上型態規避法規範，遂行其不法之目的，於計算勞工退休年資時，非不得將其受僱於「現

雇主」法人之期間,及其受僱於與「現雇主」法人有「實體同
一性」之「原雇主」法人之期間合併計算,庶符誠實及信用原
則。

(3) 102年度台上字第627號民事判決

按勞基法第59條規定之職業災害補償,乃對受到「與工
作有關傷害」之受僱人,提供及時有效之薪資利益、醫療照顧
及勞動力重建措施之制度,其宗旨在使受僱人及受其扶養之家
屬不致陷入貧困之境,造成社會問題,以維護勞動者及其家屬
之生存權,並保存或重建個人及社會之勞動力,即係為保護受
僱之被害人及其家屬而設,與民法第188條規定之僱用人責任
同,非在對違反義務、具有故意過失之雇主加以制裁或課以責
任。是以勞基法所稱雇主或民法所稱僱用人,均應從寬解釋,
不以事實上有勞動或僱傭契約者為限,凡客觀上被他人使用,
為之服勞務而受其監督者,均係受僱人。

又將營業名稱借與他人投標工程使用,其內部固僅係對
於未具有信用或營業資格者,借與信用或資格,惟不論其間目
的係為達逃避僱用人責任所為之脫法行為,抑或單純為符合投
標資格之借用關係,就外觀而言,出借營業名義者仍係與第三
人成立承攬法律關係之當事人,本諸對於勞動者及交易安全及
之保護,應認出名承攬之名義人與實際從事該承攬工作之工作
者,具有選任、服勞務及監督關係,與僱傭無殊。否則,具投
標資格之承攬人,得以自己所為法律定性之「借名關係」,輕
易規避其應負之勞工安全衛生、職業災害補償、侵權行為等相
關責任,且定作人要求承攬人投保營造綜合保險即形同具文,
應不符上揭保障勞工及其家屬基本生存權之旨。

(4) 107年度台上字第1057號民事判決

　　我國之工商事業以中小企業為主，無論以公司或獨資、合夥之商號型態存在，實質上多由事業主個人操控經營，且常為類如拼湊投標廠商家數之需要、分擔經營風險所需或其他各類之理由（減輕稅賦），成立業務性質相同或相關之多數公司行號之情況下，實質共用員工，工作地點大致相同，猶常為轉渡經營危機，捨棄原企業組織，另立新公司行號，仍援用多數原有員工，給與相同之工作條件，在相同工作廠址工作。類此由相同事業主同時或前後成立之公司行號，登記形式上雖屬不同之企業（法人），但經營之企業主既相同，工作廠址多數相同，則自員工之立場以觀，甚難體認受僱之事業主有所不同；而自社會角度檢視，亦難認相同之事業主可切割其對員工之勞動契約義務。

　　從而計算勞工之工作年資時，對上開「同一事業」之判斷，自不可拘泥於法律上人格是否相同而僅作形式認定，應自勞動關係之從屬情形，及工作地點、薪資約定、工作型態等勞動條件，作實質之判斷，以為保障勞工之基本勞動權，加強勞雇關係，故於計算勞工退休年資時，自得將其受僱於現雇主法人之期間，及其受僱於與現雇主法人有實體同一性之原雇主法人之期間合併計算，庶符誠實及信用原則。

（三）工資
1. 施行細則就經常性給與之定義
　　本法施行細則第10條就本法第2條第3款所稱之其他任何名義之經常性給與有所定義，係指下列各款以外之給予：
(1) 紅利。

(2) 獎金：指年終獎金、競賽獎金、研究發明獎金、特殊功績獎金、久任獎金、節約燃料物料獎金及其他非經常性獎金。

(3) 春節、端午節、中秋節給與之節金。

(4) 醫療補助費、勞工及其子女教育補助費。

(5) 勞工直接受自顧客之服務費。

(6) 婚喪喜慶由雇主致送之賀禮、慰問金或奠儀等。

(7) 職業災害補償費。

(8) 勞工保險及雇主以勞工為被保險人加入商業保險支付之保險費。

(9) 差旅費、差旅津貼及交際費。

(10)工作服、作業用品及其代金。

(11)其他經中央主管機關會同中央目的事業主管機關指定者。

2. 工資與非工資之界定

　　除非是採取單一薪資制度，否則雇主為了稅捐、激勵員工或公平性……等因素之考量，會採取本薪、獎金、津貼等多數名目的薪資制度，而且不同的雇主雖採用同樣名目的獎金名稱，但給付條件卻各有不同。因此，就如此琳琅滿目的薪資名目，究竟何者屬於勞工工作所應得的對價而屬於工資的一部分，何者又屬於雇主額外賜予的恩惠或提供的福利措施？實在是難以明確地區分，但因此部分之認定，足以影響加班費、假日工資、平均工資、資遣費及退休金等金額之計算，甚至影響到勞工保險之投保等級、保費及每月應提撥月薪6%之勞工退休金金額，所以不僅勞雇之間立場互異，就連行政機關及法院的見解亦多有不同，而爭論的根源則在於：究竟只要是因工作而獲得的報酬，不論是不是經常性的給與，就算是工資？還是

必須以經常性的給與為要件才算是工資？再者，所謂「經常性的給與」，該如何判斷「經常性」？

最高法院近年來對於「工資」認定之判決，有如對於「勞工」、「雇主」身分之認定般，並不受形式上名稱之限制，甚至也不受施行細則第10條所規定名稱之限制，而係依實質上之審查以資判斷，例如：

(1) 96年度台上字第499號民事判決意旨

按勞動基準法第2條第3款規定之工資，係以是否具有「勞工因提供勞務所得之報酬即勞務對價」及「經常性之給與」之性質而定，該判斷給付是否為「勞務之對價」及「經常性之給與」，應依一般交易觀念及個案具體情形決定之，至其給付名稱如何，在非所問。

查上訴人與其產業工會於民國89年10月20日修訂之團體協約第17條所定之二個月獎金，係不論上訴人有無盈餘均須發給，如有盈餘，尚須發給當年度稅前利益25%。該給付對勞資雙方均有拘束力，且不以該公司有盈餘為前提，在制度上及給付時間上具有經常性，並屬勞工提供勞務之對價，而為上開條款所指之工資。

(2) 96年度台上字第616號民事判決意旨

細繹勞動基準法第2條第3款所稱工資之定義，可認該款規定係以「勞務之對價性」作為工資認定之主要標準，並以「經常性」為輔助認定標準，故判斷雇主某項給付是否為工資，應以上開立法定義所提出之判斷標準檢視之，而不得以給付名稱決定之。

查被上訴人工作型態係採常態輪班制，輪班並為固定制度，系爭夜點費、值夜費均分別按輪值中、晚班次數、值夜次

數按月給付,自係勞工提供勞務之對價且為經常性給與而為該
條款之工資,依法應計入平均工資以計算被上訴人所得請領之
退休金。

(3) 96年度台上字第1883號民事判決意旨

認定何項給付內容屬於工資,係以是否具有「勞務對價」
及「經常性給與」之性質而定。於判斷給付是否為「勞務對
價」及「經常性給與」,應依一般交易觀念決之,至其給付名
稱如何,則非所問。其次,工資須為經常性給與,始足當之,
倘雇主為改善勞工生活而給付非經常性給與,或為單方之目
的,給付具有勉勵、恩惠性質之給與,均非為勞工工作給付之
對價,與勞動契約上之經常性給與有別,應不得列入工資之範
圍內。

(4) 96年度台上字第2741號民事判決意旨

上訴人係將被上訴人原為薪資之一部分,變更發放名目以
三節節金名義發放,由上開薪資變動之沿革,應無礙該三節節
金為薪資之性質。至上訴人以上開通知書及工作人員新舊制度
薪資對照表簽名同意書上有被上訴人之簽名為核發薪資之計算
標準,認被上訴人應受上開約定之拘束云云。惟按雇主與勞工
所訂之勞動契約,如有違反法令之強制禁止規定、或勞動規約
者,為保障勞工權益起見,應認該約定無效。上開三節節金既
係被上訴人原有薪資之一部分,上訴人調整薪資結構之方式,
變更名目為三節節金發放,實則仍為原有薪資之內容,核其目
的係為規避勞基法關於經常性給付之工資性質,而認係雇主恩
惠性、且非經常性給與,以免除計入退休金之核發。

雖三節節金之名稱,與勞基法施行細則第10條第3款所規
定之三節獎金名稱相同,惟勞工受領之給付,究屬工資、或恩

惠性之非經常性給與，仍應依具體情況認定，要不能僅以形式上名稱決定其性質，上開約定不僅違反強制規定，亦有違兩造間勞動規約精神，應為無效。

查系爭季獎金係於每年之2、6、10月發放，並非逐月發給，且自90年5月起發放至被上訴人退休止等情，為上訴人所不爭，則被上訴人主張該季獎金係平均打散在每個月薪資內，每月為1萬3,445元，上訴人於計算退休金時亦將之逐月列入等情，並提出員工薪資明細表及退休金計算明細等件為證，足見系爭季獎金應屬經常性之給與，具備有償性，自應列入工資而計算退休金。

(5) 96年度台上字第2856號民事判決意旨

勞動基準法第2條第3款所稱工資之定義，係以「勞務之對價性」作為工資認定之主要標準，並以「經常性之給與」為輔助認定標準，故判斷雇主某項給付是否為工資，應以上開立法定義所提出之判斷標準檢視之，而不得以給付名稱決定。

系爭夜點費係上訴人在工資外，針對輪值小夜班、大夜班之工作人員所發給，其金額固定，不因員工之工作內容、年資、級職不同而有差別，且被上訴人於夜間工作乃上訴人員工一貫性、常態性之工作型態，而固定值大夜班又為被上訴人固定之工作，與一般公司行號為應付臨時性之業務需求偶而為之者有間；故系爭夜點費及值夜費之給與，已成為被上訴人因特定工作條件所形成固定常態工作中可取得之給與，為被上訴人因經常性提供勞務所得之報酬，自係勞工提供勞務之對價且為經常性給與而為上開條款所稱之工資，依法應計入平均工資以計算被上訴人所得請領之退休金。

以下就各項給付名義分別敘述，但在此仍須強調，因每位雇主對於相同的給付名稱，可能會有不同的發放條件，故請各位讀者瞭解以下判決所闡釋的原則，不要只看到形式名稱就套用在自己的情況：

(1) 年終獎金

本法施行細則將年終獎金排除在工資的範圍之外，且大部分的實務判決也都認為不屬於工資。但有人主張若不論盈虧，雇主多多少少都會發給年終獎金，所以年終獎金既是每年定期所發的獎金，自屬經常性的給與而應屬於工資，且年終獎金的多寡亦是現代人求職時考慮待遇的因素之一（例如會以一年領十四個月的薪水來衡量待遇），且亦常與雇主間有所協議（甚至是雇主主動開出的條件），則此情形該年終獎金顯係屬於工作報酬的一部分，自屬工資。

不過，若將年終獎金認為是因為「雇主有盈餘且勞工無過失」所發給的獎金紅利（本法§29）或「不論勞工有無過失，雇主有盈餘才發放，無盈餘則不發放」的獎金，則因「雇主有無盈餘」及「勞工有無過失」均係不確定之因素，所以年終獎金也隨著不確定是否會發放，自應將其歸類為非經常性的給與而不屬於工資。

最高法院93年度台上字第1605號民事判決意旨，則將現代勞雇雙方常約定之「紅利」（bonus）認為非屬年終獎金，而係屬於工資，其理由則為：「兩造僱傭契約就服務條件及薪資（service conditions and salary）第8點明載：紅利於每年發給二次，每次發給一個月之基本薪資，分別於12月及農曆新年（通常於1月底）發給（You will be paida bonus that is equal to your basic salary twice a year. Payment is in December and at

Chinese New Year usually the end of January.），被上訴人計算上訴人之資遣費時，亦係以每年十四個月之薪資為基準，上開『bonus』既明白約定係固定每年發給二次，每次發給一個月之基本薪資，並無以公司盈虧或勞工表現為前提，而由公司於結算後給付之，自非勞基法第29條所定之獎金或紅利，參諸被上訴人自承業界為給勞工保障，常於勞動契約裡約定十四個月的薪資等情，顯然該兩個月薪資給付，仍為勞務的對價，屬於經常性之工資給付，亦非勞基法施行細則第10條所稱之年終獎金，該項給付之本質實際上應屬上訴人因工作所得之報酬。」

又如前所述最高法院96年度台上字第499號民事判決意旨，亦將勞雇雙方約定之「二個月獎金」，認為係屬於工資，因為於該案例也是不論公司之盈虧，都是會發給獎金之情形。

(2) 三節獎金

本法施行細則亦將春節、端午節、中秋節給與之節金排除在工資的範圍之外，而此三節獎金究竟應否認係工資的一部分，其爭議的見解亦與年終獎金所產生的爭議相同，故不再贅述。另請參考前述最高法院96年度台上字第2741號民事判決意旨。

(3) 特別休假工資

本法第38條規定，特別休假若因年度終結或契約終止而未休之日數，雇主應發給工資。又本法第39條規定，特別休假之工資應由雇主照給，而如此因為應休而未休所發之工資，是否屬於工資？尤其是否應計入涉及到資遣費或退休金之平均工資之中？勞動部106年7月12日勞動條二字第1060131476號函，有下列之釋示：

一、（略）

新白話六法
勞動基準法

　　二、（略）

　　三、「週休二日」相關規定修正後，特別休假期日，由勞工自行排定。勞工事先排定之特別休假期日，或排定後依本法第38條第2項但書規定協商調整之特別休假期日，倘經雇主依本法第39條規定徵得勞工同意出勤並發給加倍工資，該等期日適於平均工資計算期間者，其加給之工資，當予列計。

　　四、勞工並未排定之特別休假日數，其於「年度終結」雇主發給之未休日數工資，因係屬勞工全年度未休假而工作之報酬，於計算平均工資時，上開工資究有多少屬於平均工資之計算期間內，法無明定，由勞雇雙方議定之。另，勞工於「契約終止」時仍未休完特別休假，雇主所發給之特別休假未休日數之工資，因屬終止契約後之所得，得不併入平均工資計算。

　　而最高法院93年度台上字第1481號民事判決意旨，就終止勞動契約後所發給之特別休假工資，亦持否定之見解，而認為：「特別休假未休工資，係對於未依勞動基準法第38條規定請特別休假者，依其未休日數發給之獎金，與加班費之性質不同，性質上屬改善勞工生活之勉勵之給與，雇主對勞工於勞動契約終止時尚未休完之特別休假日數，發給特別休假未休工資，核屬勞動契約終止後之所得，應不得列入平均工資計算。」

(4) 假日加倍工資

　　雇主經徵得勞工同意於休假日工作者，工資應加倍發給，則此所得顯係勞工因工作所獲致之報酬而自屬工資（本法§39），且行政院勞工委員會77年6月21日(77)台勞動二字第11469號函亦認為假日加倍工資亦屬工資，且應列入計算平均工資。但司法院第14期司法業務研究會研討結論及司法院第一

廳研究意見則認為雇主於休假日是否需請勞工工作，為不確定之事，故假日加倍工資不能認係經常性給與，故不屬於工資。而台北地方法院曾判決勞工於特別休假日所給與之加倍工資，不應列入平均工資，但行政院勞工委員會82年5月19日(82)台勞動二字第25828號函明白表示此判決與勞基法之規定有所出入，這可算是很特殊的解釋函。

(5) 加班費

雇主依本法第24條所給付之延長工時之工資（即加班費），係勞工工作所換得之報酬，自屬工資。再者，請特別注意，司法院第14期司法業務研究會研究意見及司法院第一廳研究意見都認為加班費是按時給付之工資，故屬經常性給與而屬工資。

惟若依前述司法院見解認定「假日加倍工資等工資不是工資」的判斷標準，雇主會不會要求勞工加班亦屬不確定之事，則加班費亦應屬非經常性的給與才是，又如何稱得上是屬於工資呢？反之，若依「加班費是工資」的判斷標準，則假日加倍工資等均係計日給付之工資，則又為何不能屬於工資呢？顯見司法院的判斷標準亦矛盾不一。實則，若能採「勞工因工作所換得之報酬，不論是不是經常性給與，都是工資」（例如勞工才工作一個月，就遇上資遣，則該次工資並不是經常性給與，但確屬工資，殆無疑義）為主要判斷標準，並以「凡是經常性的給與，都是工資」（但非經常性的給與，不一定就不是工資）為補充判斷之標準，亦即兼採二個判斷標準，必能收相輔相成且防止雇主巧立名目降低工資額度之效，亦就不會產生如前所述之見解矛盾不一之困擾。而如前所述之最高法院96年度台上字第616號、96年度台上字第2856號等民事判決意旨，則

同此見解，可資參考。

(6) 值日（夜）津貼

　　內政部74年12月5日(74)台內勞字第35972號函頒布「事業單位勞工值日（夜）應行注意事項」，75年8月11日(75)台內勞字第433955號函更做出「如符合上開函文規定，其對勞工於工作時間以外從事非勞動契約約定之值日（夜）工作所給予之值日（夜）津貼，可不列入計算退休金」之解釋，但最高法院81年度台上字第2881號判決則認為「非謂勞工於正常工作時間以外，為雇主從事與正常工作時間內之工作性質不同之工作，即非加班，不得依勞基法之規定請求給付延長工作時間之工資」，亦即認為勞工若於正常工作時間以外仍從事工作，不管該工作性質與正常工作時間之工作性質是否相同，都可以依勞基法之規定請求加班費。而此部分之所得，既是加班費，依前(5)所述，應屬工資。

　　而如前述之最高法院96年度台上字第616號、96年度台上字第2856號等民事判決意旨，則因該企業之輪班制度係常態固定之制度，故認為該企業所發給之「夜點費」及「值夜費」係屬於工資。

　　又，最高法院97年度台上字第1358號民事判決則認為：「本件上訴人要求被上訴人在夜間或例休假日值班，縱被上訴人於值班時受其本身專業能力及上訴人其他人力、設備不及配合之限制，而無法從事較繁複之維修工作，僅係其工作之範圍及難度受限而已，要難以其值班時僅處理緊急事故或聯絡，或未遇可維修之工作而在待命中，遽謂未於正常工作時間外延長被上訴人之工作時間。至內政部所頒系爭值日注意事項『附註』二所載：『勞工值日（值夜）工作，本部認定非正常工作

之延伸，基此，就法理而言，勞工並無擔任值日（夜）之義務』，係著重在工作內容之說明，非謂勞工於正常工作時間外，於夜間或例假日輪值加班，非屬正常工作時間之延長，而不得依勞基法第24條規定請求給付工資。」

(7) 全勤獎金、不請假獎金

　　行政院勞工委員會87年9月14日台(87)勞動二字第040204號函，認為全勤獎金若係以勞工出勤狀況而發給，具有因工作而獲得之報酬之性質，則屬工資範疇。而最高行政法院之判決也是同此見解。至於最高法院的見解，則尚有歧異，例如107年度台上字第1389號、108年度台上字第2651號民事裁定，是採肯定之見解，但108年度台上字第538號民事判決、109年度台上字第2921號民事裁定，則是採否定之見解。

(8) 交通車、車馬費及交通津貼

　　行政院勞工委員會80年11月2日台(80)勞動二字第28790號函，認為事業單位依勞工居住地距上班地點遠近支給之交通補助費，如非「勞工因工作獲得之報酬並經與勞工協商同意」則非屬工資，於計算延長工時工資時無庸計入。故依此函釋，勞資雙方須有就此項給付的性質進行討論並決定納入工資，才會屬於工資，否則就不是工資。而最高法院107年度台上字第1854號民事判決及109年度台上字第1615號民事裁定，則認為該案例中，每月領取之交通津貼，屬於工資。

(9) 伙食津貼

　　判決實務是認為很多企業於每月給付之伙食津貼，乃是屬於工資（以前是每月1,800元，自104年1月1日起則是每月2,400元，因為稅捐單位將此部分薪資所得不列入應予課稅之範圍，所以很多企業會有此給付項目）。

(10) 每月久任津貼

　　本法施行細則第10條規定，原來是將久任獎金排除在工資範圍之外，但後來已刪除，且行政院勞工委員會86年6月24日台(86)勞動二字第025402號函，亦認為屬於工資。

(11) 績效獎金

　　行政院勞工委員會87年8月20日台(87)勞動二字第035198號函，認為如係以勞工工作達成預定目標而發放，具有因工作而獲得之報酬，應屬工資之範疇。

(12) 駐外津貼

　　隨著兩岸經貿之發展及全球化之布局，國內企業常調派幹部員工至境外服務，並於每月領原工資以外，另加發駐外津貼。而最高法院93年度台上字第2637號、96年度台上字第566號、97年度台上字第1542號等民事判決，均認為駐外津貼係屬於工資。

　　但最高法院106年度台上字第2679號民事判決，則認為「雇主所發給之海外津貼，顧名思義，係派駐國外工作之額外津貼，就當時派駐海外之員工而言，固屬勞工願赴海外地區服勞務之對價，然就雇主與勞工互動之整體而言，勞工派駐海外未必為經常性，極有可能依工作目標、性質而選派或輪調，而各國之勞動條件，幣值、生活水準大多不同，且薪資係折成當地幣值在國外工區發放，有匯率變動問題，極難有統一之標準，是以加計之海外津貼，性質上與差旅津貼相似，並非經常性給與。且勞基法施行細則第10條第9款規定，亦將差旅費、差旅津貼排除於勞基法第2條第3款所稱之經常性給與範圍以外」。

　　又最高法院106年度台上字第1215號民事判決，就該案例之駐外補助費，認為非屬工資：

① 按勞基法第2條第3款規定之工資，應視是否屬勞工因提供勞務而由雇主獲致之對價而定，亦即工資須具備「勞務對價性」要件，而於無法單以勞務對價性明確判斷是否為工資時，則輔以「經常性給與」與否作為補充性之判斷標準。

② 系爭工作規則，業經報請主管機關同意核備，屬兩造勞動契約之內容，其第36條規定：「員工薪資包括本薪、加給、津貼及其他經常性給與……」，而細觀B公司制訂之「駐外人員待遇支給標準」（下稱系爭支給標準），已明確規定駐外人員得受領之薪酬包含薪資、獎金、單位主管職務加給、生活補助費、眷屬補助費、眷舍或房租補助費、子女教育補助費、赴任及探親交通費、醫療保險補助、所得稅差額補助等項。

③ 乃將駐外補助費與薪資分項論列，並明揭各自給付之條件、數額，且在給付科目上將該等給付以「補助費」為名，而與工作規則中明定屬「薪資」之給付名目作明顯區別，即在制度設計上，駐外人員之駐外補助費核非駐外人員勞務之對價。

④ 而系爭支給標準第4條明載該補助費之給付條件為：「本行駐外人員因生活之必需，得依下列標準，按實際駐外期間，向本行申請補助……」，且B公司給付駐外人員生活補助費之數額，因派駐地點不同而異，足認B公司給付予駐外人員之駐外生活補助費，屬其為補貼員工至海外工作，為維持與在臺工作相同之生活水準而須額外支出之生活所需費用。

⑤ 又同支給標準第5條規定之眷屬補助費之發放係以員工

29

攜眷屬赴任為前提，涉及員工有無結婚、有無生育子女及是否攜眷屬赴任等與勞務給付無關之因素，均與勞務給付不具有對價性。

⑥ 此外，雇主因員工年資、職級之不同，衡酌其勞務之價值而決定給付不同之薪資、待遇，屬維持企業內部薪資公平之企業自治、營業自由範疇，如將不具有勞務對價性之駐外補助費計入平均工資並據以計算退休金，將使與A職級、工作內容均相同之員工，因未於退休前六個月內派駐海外，僅得以純粹薪資計算退休金，造成兩者退休金金額不同之不公平現象，亦非事理之平。

⑦ 至本院90年度台上字第687號、93年度台上字第2637號、96年度台上字第187號民事判決、96年度台上字第566號民事裁定，乃就不同之具體個案所為認定，並無通案之拘束力。

（四）平均工資

1. **本法施行細則第2條規定，下列各款期日或期間均不計入**

(1) 發生計算事由之當日。

(2) 因職業災害尚在醫療中者。

(3) 依本法第50條第2項減半發給工資者。

(4) 雇主因天災、事變或其他不可抗力而不能繼續其事業，致勞工未能工作者。

(5) 依勞工請假規則請普通傷病假者。

(6) 依性別工作平等法請生理假、產假、家庭照顧假或安胎休養，致減少工資者。

(7) 留職停薪者。

2. 六個月的意義

　　內政部74年12月21日(74)台內勞字第371678號函,是認為此六個月並非以每月30日合計180日計算,而是依曆計算之六個月總日數計算。但行政院勞工委員會83年4月9日台(83)勞動二字第25564號函,則改為以勞工退休前六個月工資總額直接除以6,較為簡易、準確及合理。

3. 特別休假應休未休而發給之工資

　　此部分之工資是否納入平均工資之計算,則請見前述關於工資之說明。

4.「防疫隔離假」及「防疫照顧假」期間之工資及日數,是否列入平均工資計算?

　　勞動部109年3月30日勞動條二字第1090130209號令,認為「核釋勞動基準法第2條第4款所定平均工資之計算,下列期間之工資及日數不列入計算:一、勞工依嚴重特殊傳染性肺炎防治及紓困振興特別條例第3條規定請防疫隔離假。二、勞工依嚴重特殊傳染性肺炎中央流行疫情指揮中心所為之應變措施,請防疫照顧假。」本解釋令自中華民國109年1月15日生效。

(五)事業單位的定義

　　因為本法施行之初期,並非適用於一切勞僱關係,於是會產生同一個事業所轄的數個場所單位,不一定都適用本法,因此有定義事業單位範圍之必要。但後來已修法,將本法的適用範圍擴大到一切勞僱關係,雖仍有極少數之行業或工作者排除在適用範圍之外,但就事業單位之認定而言,已無爭議矣!

(六)勞動契約

　　本款「勞動契約」之定義,有於108年4月26日修正公布,

這是因為長期以來，行政機關和法院判決之見解，是以「人格」、「經濟」和「組織」等方面之從屬性，來判斷爭議之雙方是否存有勞動契約，所以本次修法予以明文化，以作為更明確之判斷要件。

（七）勞動派遣

事業單位可能因為淡旺季等因素而須適時增減人力，但因受限於必須符合勞動基準法第11條、第12條等規定，始可終止勞動契約，較不能彈性增減人力，因此乃發展出勞動派遣之新興工作型態。

而在人力資源市場於事實上已運作多年之後，本法於108年4月26日增訂公布了一些條文，將勞動派遣之關係予以明文化，以作為權利義務之依據，包括在本法條增訂第7款至第10款，對於「派遣事業單位」、「要派單位」、「派遣勞工」及「要派契約」等名詞予以定義。另修正第9條，並增訂第22條之條文。然後又旋於108年5月24日增訂第17條之1、第63條之1等條文，並修正第78條條文，建立更完整之勞動派遣法制。

第3條（適用行業之範圍）
本法於下列各業適用之：
一、農、林、漁、牧業。
二、礦業及土石採取業。
三、製造業。
四、營造業。
五、水電、煤氣業。

六、運輸、倉儲及通信業。

七、大眾傳播業。

八、其他經中央主管機關指定之事業。

依前項第八款指定時，得就事業之部分工作場所或工作者指定適用。

本法適用於一切勞雇關係。但因經營型態、管理制度及工作特性等因素適用本法確有窒礙難行者，並經中央主管機關指定公告之行業或工作者，不適用之。

前項因窒礙難行而不適用本法者，不得逾第一項第一款至第七款以外勞工總數五分之一。

解說

（一）本條文歷屆修正說明

　　本法的立法目的既然是在保障勞工權益，加強勞雇關係及促進社會與經濟發展，則理應全面性地適用於每一種行業，才能達到上述的立法目的，也才符合憲法第7條所保障的平等權及第153條保護勞工之美意。本法在民國73年間立法當時，或許有其現實環境的考量而限定適用行業的範圍，但是自實施以來，「不平等」的爭議不僅不斷，而且原來未受本法保障的服務業勞動人口亦日漸增多，於是要求將本法之適用範圍涵蓋至所有勞雇關係，俾使全部勞工均受到保障之呼聲越來越高，因此本條文曾於85年12月27日修正，後來又於91年6月12日再次修正。目前雖絕大部分之行業均適用本法，但各行業開始適用本法之日期，卻有不同，可以至勞動部網站查詢（這會牽涉到適用勞動基準法舊制的勞工，其退休金及資遣費計算之起始時

間及年資，進而影響到金額之多寡）。

（二）施行細則

1. 本法施行細則第3條規定，本法第3條第1項第1款至第7款所列各業，適用中華民國行業標準分類之規定。

2. 本法施行細則第4條規定，本法第3條第1項第8款所稱中央主管機關指定之事業及第3項所稱適用本法確有窒礙難行者，係指中央主管機關依中華民國行業標準分類之規定指定者，並得僅指定各行業中之一部分。

第4條（主管機關）

本法所稱主管機關：在中央為勞動部；在直轄市為直轄市政府；在縣（市）為縣（市）政府。

解說

　　本條係規定本法所稱之主管機關，例如本法第21條第2項所稱之「中央主管機關」，第27條「主管機關」及第32條「當地主管機關」等。而中央主管機關原為內政部，但於76年8月1日改制為行政院勞工委員會後，本條卻未配合修正，仍規定為內政部，所以一直有名不符實之情形，再者，為配合精省後之情形，因此乃於89年7月19日修正之。又，行政院於103年2月14日公告，將原屬「行政院勞工委員會」之權責事項，自103年2月17日起改由「勞動部」管轄。本法則係於104年6月3日修正公布第4條條文，將中央主管機關明定為勞動部。又依科學工業園區設置管理條例第6條第1項第19款之規定，園區管理局有掌理園區內關於勞工行政、勞工安全衛生、公害防治及工廠

檢查事項之權限。再者，依加工出口區設置管理條例第5條第1
項第14款，加工出口區管理處亦有掌理關於所在區工商團體業
務及勞工行政事項之權限。

第5條（強制勞動之禁止）
**雇主不得以強暴、脅迫、拘禁或其他非法之方法，強制勞工
從事勞動。**

解說

　　勞工提供勞務時雖應聽命於雇主的指揮，但並不因此而
喪失自由與人格，亦即勞工是否決定受僱、受僱後是否願意繼
續受僱或辭職，勞工仍保有自由決定之權利，而受僱期間亦保
有人格尊嚴，雇主均不得以強暴、脅迫、拘禁或其他非法之方
法，強制勞工從事勞動。

（一）本條罰則

　　違反本條之規定，可處五年以下有期徒刑、拘役或科或併
科新臺幣75萬元以下罰金（本法§75），亦即應負刑事責任，
而不是行政罰鍰之責任而已，且其刑度可說是不輕。實則，
私行拘禁或以其他非法方法，剝奪人之行動自由者，可處五年
以下有期刑、拘役或9,000元以下罰金（刑§302），至於以強
暴、脅迫使人行無義務之事或妨害他人行使權利者，可處三年
以下有期徒刑、拘役或9,000元以下罰金（刑§304）。亦即依
刑法之規定，原即可處罰部分此類雇主之行為，但本法之處罰
範圍則較大，例如在受僱期間勞工本即有從事勞動之義務，雇

主若以強暴、脅迫之方式強制勞工勞動，除非另觸犯私行拘禁罪、傷害罪或恐嚇罪，否則恐難成立刑法第304條之強制罪，但依本法則雇主成立犯罪。

又本法之刑度亦較重，所以本法似較有保護勞工之功能，但就意思及人身的自由權利而言，不論經濟上之弱者或強者，應該都是平等，是則以本法之規定來「保護勞工」，在手段上實值商榷，而且本法之規定實際上亦產生不平等，例如雇主對勞工實施此類行為，依本法處斷，刑度較重，但勞工若對雇主實施此類行為（強制雇主僱用），只能依刑法處斷，刑度較輕。再者，本法之規定並未處罰未遂犯，但刑法之規定則有，則本法之犯罪型態有無未遂犯之型態？若有，則應係不罰，抑或是以刑法未遂犯之規定來處罰？恐易引起爭論，是則本條文若有存在之必要，就此部分似仍應增加處罰未遂犯之規定。

（二）就業服務法之相關規定

該法第40條亦有禁止就業服務機構及其從業人員從事特定行為之規定，且有相關之罰則，請參考其詳細之規定。

（三）與本法第42條規定之區別

本法第42條規定「勞工因健康或其他正當理由，不能接受正常工作時間以外之工作者，雇主不得強制其工作」，違反者，依第77條規定，也是應負刑事責任。至於與本條文處罰要件之區別，最高法院79年度台非字第79號刑事判決認為：勞動基準法第5條之規定，乃指雇主所實施之強制手段係出於強暴、脅迫、拘禁或與此相類之方法而言，亦即其所實施之強制手段必須達於剝奪勞工意思自由之程度。至於同法第42條，則係指勞工倘有正當理由而不能接受正常工作時間以外之工作，

雇主不得強制其工作而言，僅在保障勞工正常之作息，以維護其身心之健康，尚與妨害意思之自由無關。

第6條（抽取不法利益之禁止）
任何人不得介入他人之勞動契約，抽取不法利益。

解說

（一）居間契約

稱居間者，謂當事人約定，一方為他方報告訂約之機會，或為訂約之媒介，他方給付報酬之契約（民§565）。所以仲介雇主與勞工間之勞動契約而獲得報酬，並非法律所禁止，只是所獲得之報酬若比一般行情或習慣還高，亦即獲得不相當的利益時，才會被認為是違反本法第6條之規定。

（二）罰則

依本法第76條之規定，違反第6條規定者，處三年以下有期徒刑、拘役或科或併科新臺幣45萬元以下罰金（本法§76）。

（三）就業服務法之規定

就業服務法第40條相關之規定請參照其詳細之條文。另就業服務法第45條規定，任何人不得媒介外國人非法為他人工作，亦即不論有無獲得利益，更不論所獲得之利益是否相當，只要是媒介外國人非法為他人工作，便係屬觸犯這個條文，依同法第64條規定，可處新臺幣10萬元以上50萬元以下罰鍰。五年內再違反者，處一年以下有期徒刑、拘役或科或併科新臺

幣60萬元以下罰金。亦即若有違反，係先處以行政罰，若再違反，則改以刑罰伺候，且若係意圖營利而犯者，則更有加重之處罰。

第7條（勞工名卡之置備暨登記）
雇主應置備勞工名卡，登記勞工姓名、性別、出生年月日、本籍、教育程度、身分證統一號碼、到職年月日、工資、勞工保險投保日期、獎懲、傷病及其他必要事項。
前項勞工名卡，應保管至勞工離職後五年。

解說

　　本條文係課以雇主置備勞工名卡並保管至勞工離職後五年之義務，若違反此義務，依本法第79條第3項之規定，可處2萬元以上30萬元以下之罰鍰，而且得公布其事業單位或事業主之名稱、負責人姓名，並限期令其改善；屆期未改善者，應按次處罰。

第8條（雇主提供工作安全之義務）
雇主對於僱用之勞工，應預防職業上災害，建立適當之工作環境及福利設施。其有關安全衛生及福利事項，依有關法律之規定。

解說

　　雇主有保護勞工安全之義務，而本條文則將此義務明文

化。所謂有關安全衛生及福利事項之法律規定，則指如職業安全衛生法及職工福利金條例等，並請注意職業災害勞工保護法之規定。而若雇主違反本義務致勞工受有職業災害，除了應依本法第59條及職業災害勞工保護法等規定，負補償或賠償責任外，另依民法第184條第2項前段「違反保護他人之法律，致生損害於他人者，負賠償責任」之規定，也應負民法侵權行為之損害賠償責任，此時之賠償範圍就會包括民法第195條規定之精神賠償（慰撫金）。

第二章

勞動契約

第9條（定期勞動契約與不定期勞動契約）

勞動契約，分為定期契約及不定期契約。臨時性、短期性、季節性及特定性工作得為定期契約；有繼續性工作應為不定期契約。派遣事業單位與派遣勞工訂定之勞動契約，應為不定期契約。

定期契約屆滿後，有下列情形之一，視為不定期契約：

一、勞工繼續工作而雇主不即表示反對意思者。

二、雖經另訂新約，惟其前後勞動契約之工作期間超過九十日，前後契約間斷期間未超過三十日者。

前項規定於特定性或季節性之定期工作不適用之。

解說

一般人以為不定期契約既稱為不定期，則充滿不確定性，雇主可隨時終止契約，對勞工較無保障，實則不然，因為雇主除非有本法第11條及第12條之情形，否則是不可以終止勞動契約的。反之，定期的勞動契約於期間屆滿時，雇主與勞工的權利義務關係即消滅，雇主沒有繼續僱用勞工之義務，也毋須加發預告期間工資及資遣費（本法§18），所以定期契約對勞工而言較為不利。本條文便係惟恐雇主以形式上之定期契約來掩護實質上的不定期契約，而達到一方面可長期僱用勞工，另一

方面又可減省資遣費（甚至退休金）的目的，所以對定期契約之性質有所定義，且規定於所列之幾種情形，縱使當時係約定為定期契約，亦應視為不定期契約。

在勞動派遣關係於108年4月26日修法納入法制規定之前，主管機關和法院判決之見解都認為派遣事業單位（人力派遣公司）既然是以派遣人力作為經常性之業務，則派遣事業單位和派遣勞工之間，應是繼續性契約，不得因為要派單位與派遣事業單位間之要派契約（人力需求、提供服務之契約）可能是定期契約（例如一年一簽），就轉向與派遣勞工簽立定期契約。因此在108年4月26日修正公布第9條條文，明確規定「派遣事業單位與派遣勞工訂定之勞動契約，應為不定期契約」，故若仍簽立定期契約，仍屬不定期契約。

（一）施行細則

1. **本法第9條第1項所稱臨時性、短期性、季節性及特定性工作，依下列規定認定之（本法施§6）**

(1) 臨時性工作：係指無法預期之非繼續性工作，工作期間在六個月以內者。

(2) 短期性工作：係指可預期於六個月內完成之非繼續性工作。

(3) 季節性工作：係指受季節性原料、材料來源或市場銷售影響之非繼續性工作，其工作期間在九個月以內者。

(4) 特定性工作：係指可在特定期間完成之非繼續性工作。其工作期間超過一年者，應報請主管機關核備。

2. **勞動契約應依本法有關規定約定下列事項（本法施§7）**

(1) 工作場所及應從事之工作。

(2) 工作開始及終止之時間、休息時間、休假、例假、休息

日、請假及輪班制之換班。

(3) 工資之議定、調整、計算、結算與給付之日期及方法。

(4) 勞動契約之訂定、終止及退休。

(5) 資遣費、退休金及其他津貼及獎金。

(6) 勞工應負擔之膳宿費及工作用具費。

(7) 安全衛生。

(8) 勞工教育及訓練。

(9) 福利。

(10) 災害補償及一般傷病補助。

(11) 應遵守之紀律。

(12) 獎懲。

(13) 其他勞資權利義務有關事項。

（二）罰則

違反本條文第1項之規定，亦即雇主將有繼續性質的工作以定期契約的形式與勞工訂立勞動契約，依本法第79條之規定，處2萬元以上30萬元以下之罰鍰，而且依第80條之1規定，應公布其事業單位或事業主之名稱、負責人姓名，並限期令其改善；若屆期未改善，則應按次處罰。至於雙方的勞動契約仍屬有效存在，不因雇主違法而無效，只是應認該勞動契約是不定期契約，而不是雙方當時所約定的定期契約。

（三）勞動契約不以作成書面為必要

依民法第73條「法律行為，不依法定方式者，無效。但法律另有規定者，不在此限。」及第153條第1項「當事人互相表示意思一致者，無論其為明示或默示，契約即為成立。」等規定，可知除非法律有特別規定需以書面為之（例如本法§84-

1）或當事人有特別約定須等到作成契約書才算數，否則民事上的契約只要是意思表示互相一致即為成立，並不以作成書面的「契約書」為必要，亦即「契約」及「契約書」是不同的概念，作成契約書只是為了保留證據，不是成立契約的必要行為。而本法並未規定勞動契約需以書面為之，所以只要雇主及勞工雙方口頭上或以現代通訊軟體之通訊方式達成合意，該勞動契約及所約定之條件即為成立，且於契約成立之後，若有合意變更勞動條件之情形，也會成立，並不會因為未簽立契約書而變成無效之約定。

法律上雖是如此，但於現實上，若沒有相當的證據，則可能一方就會否認有此合意，徒增勞資爭議，所以最好還是簽立白紙黑字的契約書，並依本法施行細則第7條規定所示之各項權利義務關係，約定清楚，較無爭議。

尤其關於工資結構、保密、競業禁止、最低服務年限、調職、違約金等較易發生糾紛之事項，若能先由勞資雙方經由協商而簽立契約書，更能預防發生糾紛。

而主管機關勞動部於其網站有提供各種類型的勞動契約書草稿，可供參考選用。

（四）勞動契約約定之內容不可違反強制或禁止規定

依民法第71條前段規定「法律行為，違反強制或禁止之規定者，無效。」因此勞動契約的約定條款中，若有違反強制或禁止規定，則「該條款」會變成無效，但不是整份勞動契約都變成無效。

例如，依本法第38條規定，雇主「應」給予勞工特別休假，因為這是屬於強制規定，故如果勞動契約中有條款約定勞

工願放棄特別休假之權利，則其效果為：勞動契約有效，但關於特別休假之約定則無效，應回歸適用本法之規定而給予特別休假。

又例如，依本法第21條規定「工資由勞雇雙方議定之，但不得低於基本工資」，因為這是屬於禁止規定，故如果勞動契約中有條款約定勞工願接受比基本工資還低的工資，則雖然是經勞工同意，但其效果為：勞動契約有效，雇主仍應給付工資，只是應給付基本工資，雇主不可以只給付所約定之較低工資，更不可以主張「既然違法，那麼勞動契約就整個無效，我就不用給付任何工資」。

又本法另有增訂例如第9條之1（競業禁止）、第15條之1（最低服務年限）等規定，更明文規定勞動契約之約定若違反該規定，則其約定為無效，亦是基於前述同一之法理。

再者，以前有約定女性勞工於結婚或懷孕就當然辭職（終止勞動契約）之陋習，主管機關及法院都是依民法第72條「法律行為，有背於公共秩序或善良風俗者，無效」之規定，而認定該約定為無效，以保障其工作權。但於性別工作平等法施行後，已有不得因性別或性傾向而有差別待遇之明文禁止規定，故若有違反此規定之勞動契約條款，則其約定為無效，其勞動契約之終止也不生效力（性別工作平等法§11）。

（五）違反勞動契約之效果

勞動契約既然是勞資雙方權利義務關係之內容，則若有一方違反，他方自得依據勞動契約而請求履行（例如勞方請求資方補發工資差額，或是資方請求勞方給付違約金）。萬一勞工有違反勞動契約且達到情節重大的程度，則雇主可以依本法第

12條之規定，不經預告而終止勞動契約，且毋須給付資遣費。

若雇主有不依勞動契約給付工作報酬，或違反勞動契約致有損害勞工權益之虞（指有這個可能，即符合要件，不以發生實際損害為要件）等情形，勞工可以依本法第14條規定，不經預告而終止勞動契約，並依本法第17條、勞工退休金條例第12條等規定請求雇主給付資遣費。

（六）成立或終止勞動契約毋庸報請主管機關核准

依前述民法第73條及第153條等規定，契約之成立，不以向行政機關申報或經核准為必要。且本法也未規定須向主管機關申報或取得核准。

但請注意本法第84條之1，對於適用責任制勞工的勞動條件所為之特別約定，須以書面為之，並應向當地主管機關核備。並請注意本法施行細則第6條規定，特定性工作之勞動契約超過一年者，應報請主管機關核備。

（七）與工作規則、團體協約之關係

勞動契約與這二者有近似的關係，都是勞資雙方權利義務關係之依據，但各有其不同之規定。工作規則一般是由雇主基於經營管理之權限所單方制定及變更，但經由本法第70條規定之程序之後，即成為勞資雙方權利義務關係之補充性依據。但請注意本法第71條規定「工作規則，違反法令之強制或禁止規定或其他有關該事業適用之團體協約規定者，無效」。

而團體協約，則是依照「團體協約法」之程序所訂立，而該法第19條則規定「團體協約所約定勞動條件，當然為該團體協約所屬雇主及勞工間勞動契約之內容。勞動契約異於該團體協約所約定之勞動條件者，其相異部分無效；無效之部分以

團體協約之約定代之。但異於團體協約之約定，為該團體協約所容許或為勞工之利益變更勞動條件，而該團體協約並未禁止者，仍為有效。」

（八）約定試用期間

所謂試用期間乃是準備於通過一段期間的觀察、考核之後，續予僱用（尤其是不定期契約的僱用），此與定期契約約定於一段期間過後即不再僱用之情形，並不相同，因此並不限於本法施行細則第9條所示之幾種情形，才可約定試用期間。

實務判決對此是採肯定之見解，例如最高法院109年度台上字第2374號民事判決，即揭示「按試用期間，係基於勞僱雙方同意，於進入長期正式關係前嵌入一段彼此觀察猶豫期間，讓雇主能藉此期間觀察勞工之工作態度、性格、技術、能力等有關工作之特質，再藉以決定是否在試用期間後繼續僱用該勞工。從勞工的角度，則是給予勞工實際進入職場瞭解、熟悉工作環境、企業文化的機會，讓勞僱雙方確知彼此情況，再詳實考量是否願與對方進一步締結永續性之勞動關係，故係雙向、平等，依契約自由原則，如勞工所擔任工作之性質，有試用之必要，且勞工與雇主間有試用期間之約定，自應承認試用期間之約定為合法有效」之意旨。而若未通過試用之考核，則雇主自可終止勞動契約，甚至在未期滿前即可終止，此亦有最高法院109年度台上字第2205號民事判決揭示「按勞動契約附有試用期間之約款者，雇主得於試用期間內觀察該求職者關於業務之能力、操守、適應企業文化及應對態度，判斷該求職者是否為適格員工，如不適格，雇主即得於試用期滿前終止勞動契約，於雇主未濫用權利之情形下，其終止勞動契約應具正當

性」之意旨可稽。

　　至於此部分之勞資爭議，都是在爭執勞工是否不能勝任工作、無法通過考核，但臺灣高等法院花蓮分院106年度勞上字第2號民事判決曾認為「在試用期間因屬於正式不定期勞動契約之前階試驗、審查階段，故勞雇雙方原則上均應得隨時終止契約，並無須就其終止原因舉證證明有勞動基準法第11條第5款不能勝任工作之情事，亦即勞雇雙方皆保有較寬鬆之契約終止權限，法律上應容許較大之彈性，較為合乎現今勞動實務」，而上訴後之最高法院108年度台上字第2632號民事裁定，則維持此一見解，值得注意。

第9條之1（勞工離職後競業禁止之約定）

未符合下列規定者，雇主不得與勞工為離職後競業禁止之約定：

一、雇主有應受保護之正當營業利益。

二、勞工擔任之職位或職務，能接觸或使用雇主之營業秘密。

三、競業禁止之期間、區域、職業活動之範圍及就業對象，未逾合理範疇。

四、雇主對勞工因不從事競業行為所受損失有合理補償。

前項第四款所定合理補償，不包括勞工於工作期間所受領之給付。

違反第一項各款規定之一者，其約定無效。

離職後競業禁止之期間，最長不得逾二年。逾二年者，縮短為二年。

解說

　　雇主為了防止勞工於離職後從事相同或相類似的工作，而與原雇主產生競爭、分食市場、甚至影響營運之後果，因此會與勞工約定於離職後不得從事相同或相類似的工作，否則即應處以高額的違約金（損害賠償）。但就勞工之立場，於離職後要轉換其平日熟悉的謀生技能，談何容易，故此種約定實已影響其生存權及工作權。因此，勞資雙方自會因此種約定而產生爭議，最高法院亦累積了諸多判決見解（例如：94年度台上字第1688號、103年度台上字第793號、103年度台上字第2215號等民事判決）。後來於104年12月16日增訂此條文，將先前之判決見解落實於條文規定。但因各行各業、各勞工職務之情形不同，故於具體案例判斷是否符合「正當營業利益」、「營業祕密」、「未逾合理範疇」、「有合理補償」等不確定法律概念，自是勞資爭議攻防之重點。

　　又於約定競業禁止時，常會一併約定若違約時應給付資方若干萬元（或離職時薪水若干倍）之違約金，以收遏阻競業及彌補損害之效。雖然約定金額越高，達成上開目的之可能性就越高，但因民法第252條規定「約定之違約金額過高者，法院得減至相當之數額」，故於發生競業禁止之勞資爭議時，違約金是否過高，乃是另一攻防重點。

　　再者，營業秘密法、專利法、著作權法、刑法第二十八章妨害秘密罪等相關規定，都與工作職務上接觸之事項有關，故不論有無競業禁止之約定，都應注意遵守，以免招來民事賠償責任，甚至是刑事牢獄之災。

　　另請注意，勞工於在職期間，本即有忠實履行職務之義務，故若於在職期間有競業之行為，毋待乎特別約定，依法就

有民事（侵權行為、債務不履行等損害賠償）及刑事（刑法第342條背信罪及前述法律規定）等責任。

（一）施行細則

離職後競業禁止之約定，應以書面為之，且應詳細記載本法第9條之1第1項第3款及第4款規定之內容，並由雇主與勞工簽章，各執一份（本法施§7-1）。

本法第9條之1第1項第3款所為之約定未逾合理範疇，應符合下列規定：1.競業禁止之期間，不得逾越雇主欲保護之營業秘密或技術資訊之生命週期，且最長不得逾二年。2.競業禁止之區域，應以原雇主實際營業活動之範圍為限。3.競業禁止之職業活動範圍，應具體明確，且與勞工原職業活動範圍相同或類似。4.競業禁止之就業對象，應具體明確，並以與原雇主之營業活動相同或類似，且有競爭關係者為限（本法施§7-2）。

本法第9條之1第1項第4款所定之合理補償，應就下列事項綜合考量：1.每月補償金額不低於勞工離職時一個月平均工資50%。2.補償金額足以維持勞工離職後競業禁止期間之生活所需。3.補償金額與勞工遵守競業禁止之期間、區域、職業活動範圍及就業對象之範疇所受損失相當。4.其他與判斷補償基準合理性有關之事項。前項合理補償，應約定離職後一次預為給付或按月給付（本法施§7-3）。

（二）雇主未給付補償，則勞工可否請求給付？

若有約定補償金額卻不給付，則勞工可以依據此約定而請求。但若未有約定，也未給付補償，則其效果為該競業禁止之約定無效，勞工可不受拘束（可至其他事業單位工作），但不能向雇主請求補償（最高法院108年度台上字第1653號民事裁

定及其二審判決）。

> **第10條**（工作年資合併計算）
> 定期契約屆滿後或不定期契約因故停止履行後，未滿三個月
> 而訂定新約或繼續履行原約時，勞工前後工作年資，應合併
> 計算。

解說

　　因為勞工年資之計算，影響特別休假日數及資遣費、退休
金之金額，又為避免雇主利用換約等方法，中斷年資之計算，
損害勞工之權益，所以有本條之規定。又因本條屬於強制規
定，因此勞資雙方縱使協議不用合併計算，亦屬無效之協議，
故仍應合併計算。

　　本條只適用於「定期契約屆滿後」及「不定期契約因故
停止履行後」等二種情形，至於其他之情形則無本條之適用，
例如：雇主先依本法之規定而終止勞動契約，之後才又重新僱
用；或是勞工已合法自請辭職，之後才又重返工作等情形。

　　但於最高法院82年度台上字第2938號民事判決之案例中，
因該公司以虧損為由而資遣勞工並已發給資遣費，但又隨即於
翌日起，與勞工訂定新約，以臨時工按日計酬之方式繼續僱
用，故該判決認為於此情形仍有本條文之適用，所以退休年資
應合併計算，不過，已領取之資遣費應由退休金中扣減，以資
兼顧。

　　勞工工作年資以服務同一事業單位為限，並自受僱當日起

算。本法公布施行前已在同一事業單位工作之年資應合併計算
（本法施§5）。

第10條之1（雇主調動勞工工作應符合之原則）

雇主調動勞工工作，不得違反勞動契約之約定，並應符合下
列原則：
一、基於企業經營上所必須，且不得有不當動機及目的。但
　　法律另有規定者，從其規定。
二、對勞工之工資及其他勞動條件，未作不利之變更。
三、調動後工作為勞工體能及技術可勝任。
四、調動工作地點過遠，雇主應予以必要之協助。
五、考量勞工及其家庭之生活利益。

解說

　　雇主基於營運或人力資源培訓之考量，多有調整勞工職
位、工作內容或地點之行為。但對於勞工而言，會有須適應新
工作之不便、且增加工作量、交通時間、費用等負擔，甚至影
響到家庭生活，難免有些不願意，尤其是在勞資關係不融洽之
際，更會令人懷疑是否係以調整工作之名，行「報復」、「預
備日後以不能勝任工作為由而解僱勞工」之實，因此難免會引
起勞資糾紛。

　　早於內政部主管勞工業務之時期，即於74年9月5日以(74)
台內勞字第328433號函，發布所謂之「調動五原則」，以資作
為依循，而法院判決實務亦採納之。後來於104年12月16日增
訂本條文，將此五原則落實於條文之中。

　　雇主於調動勞工工作之後，若勞工認為有違反本條文規定之情形，可能係採取不就任新工作之消極作為，但之後雇主可能會以「無正當理由繼續曠工三日」為由而依本法第12條第1項第6款之規定解僱勞工（毋須給付資遣費）。雖然此時勞工可以「雇主違反本法之規定，其解僱無效」為由而向法院起訴請求確認僱傭關係存在，並請求補發薪資，但訴訟畢竟有過程中之金錢及精神成本，更有結果勝敗之風險，萬一法院判決認為雇主之調動工作及解僱等行為均合法，則勞工將落得「工作及資遣費兩空」之慘境。故建議勞工於面臨「疑似」不合理調動時，不要太「自信確認」而消極拒絕就任新工作，此時可以依勞資爭議處理法之規定，進行各項解決爭議之程序，因為該法第8條規定「勞資爭議在調解、仲裁或裁決期間，資方不得因該勞資爭議事件而歇業、停工、終止勞動契約或為其他不利於勞工之行為；勞方不得因該勞資爭議事件而罷工或為其他爭議行為」，因此可以暫時撐起保護傘，免得遭雇主解僱。也可以依勞動事件法第50條之規定，提起確認調動無效或回復原職之訴，並聲請依原工作或勞資雙方同意之工作內容繼續僱用之定暫時狀態處分。當然，若一面進行爭議救濟程序，一面也先就任新工作，是比較有雙重保障之做法（可以聲明就任新工作不表示放棄爭議救濟之權利）。

第11條（雇主預告始得終止勞動契約之情形）
非有下列情形之一者，雇主不得預告勞工終止勞動契約：
一、歇業或轉讓時。
二、虧損或業務緊縮時。

三、不可抗力暫停工作在一個月以上時。

四、業務性質變更，有減少勞工之必要，又無適當工作可供安置時。

五、勞工對於所擔任之工作確不能勝任時。

解說

（一）終止勞動契約之幾種情形

　　天下沒有不散的筵席，勞動關係也會有結束的一天。最好的狀況是，一路做到退休，好好享受後半段的人生。但是世事難料，常會有下列意想不到的變數發生，致勞動關係於退休前就提早結束了：

1. 勞工基於個人生涯規劃而自請辭職，此時勞工應依本法第15條規定向雇主預告，但不能請求資遣費。

2. 因經營或職場環境之變化，不可歸責於勞工之原因，而依本條文規定終止勞動契約，此時雇主應給予預告期間，並應給付資遣費。

3. 因可歸責於勞工之原因，雇主依本法第12條規定而終止勞動契約，此時雇主毋須給予預告期間，也不用給付資遣費。

4. 因可歸責於雇主之事由，原告依本法第14條規定而終止勞動契約，並請求給付資遣費。

5. 優惠資遣、合意終止

　　由本法之相關規定可知，雇主雖有人事任用權，但其解僱權卻受有限制，必須要有第11條或第12條的法定事由，才可以終止勞動契約。至於雇主為了減少人事成本所推出的「優惠資遣」方案，只是促使勞工同意以合意方式終止勞動契約，並不是法定的資遣，故若資方未有濫用其經濟上之優勢致勞工

不能自由決定而不得不接受之特殊情形，則屬合法，不受本法規定之限制（請參照最高法院109年度台上字第1008號民事判決）。

（二）雇主於解僱時必須表示是依據何種法定事由，不得隨意變更

這是基於民法第148條規定之「誠信原則」所推論而來。此可由最高法院95年度台上字第2720號民事判決意旨，而得知：「按勞基法第11、12條分別規定雇主之法定解僱事由，為使勞工適當地知悉其所可能面臨之法律關係的變動，雇主基於誠信原則應有告知勞工其被解僱事由之義務，基於保護勞工之意旨，雇主不得隨意改列其解僱事由，同理，雇主亦不得於原先列於解僱通知書上之事由，於訴訟上為變更再加以主張。」而如此之見解一直被沿用至今（請參照最高法院109年度台上字第1008號、第2214號等民事判決）。

而在實務上，雇主於表示解僱之後，可能引發勞資爭議，雇主於調解或訴訟中，知有不足，才援引其他事由來補充強化解僱之合法性，但此時應注意若有超過三十日之除斥期間，則不可以主張其他之解僱事由（本法§12）。

（三）解僱最後手段性原則

雖然雇主為了企業的經營或管理紀律的維持，可以依本條文及第14條等規定解僱勞工。但因相對地影響勞工之工作權及生存權，因此須考量勞資雙方之利益而判斷解僱的合法性。而縱使法律並無明文規定終止契約時必須符合「解僱最後手段性原則」，但於實務判決上，已形成一致之見解，亦即於審查雇主之解僱是否合法時，會將此原則納入審查之標準。此將於後

述之各種解僱事由中，再一併說明。

（四）糾紛、協調及舉證責任

　　本條文所定之終止勞動契約事由，乃至於第12條及第14條所定之終止勞動契約事由，在事實認定上容易因人而異，例如在事實上是不是已經達到「虧損或業務緊縮」、「確不能勝任」、「重大侮辱之行為」之地步，因人而異其認定之結果，尤其此認定之結果攸關於能否保住工作及能否領到資遣費，所以勞資雙方的立場更是對立，也因此常生糾紛，而糾紛既起，只有協調解決（不論是私下協調或由主管機關介入協調），若仍無法協調，則只有訴請法院作最後的認定及救濟一途（但在訴訟期間仍可以和解來收場）。倘果真打起訴訟來，甚至拚到三審確定以決勝負，絕對是曠日廢時，且雙方在精神及金錢上都要付出許多代價，而勞工在經濟層面上的壓力固然較吃虧，但資方因此纏訟亦不見得會占到便宜，所以還是以協調來解決糾紛為宜。

　　若不得已須進行訴訟，則「證據」之提出係為打贏官司之最大關鍵，例如雇主主張虧損而須資遣員工，則雇主必須負舉證證明確有虧損之事實以供法院認定，否則若無證據或所提出之證據不足以證明有虧損之情形，則必定遭到敗訴之判決結果。因此奉勸勞資雙方，在有終止勞動契約之事由或徵兆時，務必保存證據，以備日後之需。尤其是「終止勞動契約」這個意思表示，最好是以存證信函、電子郵件的方式向對方表示，或以公告並拍照等方式，以便保留證據，且有利於日期之確定及資遣費之計算。

（五）不依本條文之規定終止勞動契約，是否發生解僱的效力？

本條文係屬禁止規定，故若無法定事由卻表示終止勞動契約，依民法第71條前段「法律行為，違反強制或禁止之規定者，無效。」之規定，不發生解僱之效力。此時勞工可以請求確認僱傭關係存在、回復工作，並依民法第487條「僱用人受領勞務遲延者，受僱人無補服勞務之義務，仍得請求報酬。但受僱人因不服勞務所減省之費用，或轉向他處服勞務所取得，或故意怠於取得之利益，僱用人得由報酬額內扣除之。」之規定，請求給付薪資（雖然這段調解或訴訟期間，勞工並未提供勞務，但此乃是不可歸責於勞工）。

至於本條文規定之解僱事由及預告期間的關係，司法院第14期司法業務研究會司法院第一廳研究意見認為：

1. 若沒有本條文所規定之事由，縱依第16條第1項規定之期間預告終止契約，仍然不生終止契約的效力。
2. 若有本條文所規定之事由，縱未依第16條第1項規定之期間預告終止契約，仍然發生終止契約的效力，只是雇主應依第16條第3項之規定給付預告期間的工資給勞工。

（六）預告終止勞動契約時，勞工已符退休規定者

實務判決見解認為，於勞工符合法定退休之要件時，即已取得請求給付退休金之「既得權利」，不會因為雇主或勞工採取以終止契約的方式來結束勞資關係，而使此既得權利喪失（請參照最高法院96年度台上字第1283號、97年度台上字第1342號等民事判決）。亦即，此時雇主應給付者乃是退休金，而不是金額少很多的資遣費。

（七）資遣時應辦理通報

依就業服務法第33條之規定，於雇主資遣員工時，應於員工離職之十日前，通報當地主管機關及公立就業服務機構，否則會遭到處罰（就業服務法§68）。

（八）大量解僱

若解僱之人數較多，請另注意是否應依大量解僱勞工保護法之規定辦理，免遭處罰。

（九）歇業或轉讓

1. 是否以辦理歇業登記為必要？有無包括一部歇業？

司法院第7期司法業務研究會司法院第一廳研究意見認為，鑑於歇業之原因不止一端，及我國一般業主停止營業，多不重視辦理登記之習慣，勞動基準法第11條第1款所稱之歇業，應係指事實上歇業而言，並不以經辦理歇業登記為必要，祇須雇主並非為逃避給付退休金，亦非故意不當資遣勞工，而基於事實上需要而歇業者即得依法終止勞動契約。又該款係參照工廠法第30條第1款「工廠為全部一部之歇業時得終止契約」之規定而訂定，故所稱之歇業，自應包括一部歇業在內（註：這是當時的研究意見及理由，而工廠法已於107年11月21日廢止）。但因實際上，資方於一部歇業之情形，似未依本條文第1款「歇業」之規定，而是依本條文第2款「業務緊縮」之規定，終止勞動契約，故實務判決未見對於第1款規定之闡釋，反而有對於第2款規定之見解而認為：依本條文第2款規定，雇主得因業務緊縮，預告勞工終止勞動契約者，必以雇主確有業務緊縮之事實，而無從繼續僱用勞工之情形，始足當之，是以雇主倘僅一部歇業，而同性質之他部門，依然正常運

作，甚或業務增加仍需用勞工時，本諸本法保障勞工權益，加強勞雇關係之立法意旨，尚難認為已有業務緊縮，得預告終止勞動契約之事由（請參照最高法院96年度台上字第2749號、100年度台上字第2024號等民事判決）。

2. 轉讓

應是指權利義務的主體有變更之情形，例如獨資之商號，其經營者由甲轉讓給乙，或是公司之型態，由甲公司轉讓給乙公司（亦即由乙公司併購甲公司）。若是在公司之型態，只是董事長換人做，或是舊股東將其出資額（或股份）轉讓給新股東，因只是公司內部之變動而已，未使權利義務主體發生變動，故並非轉讓，亦即不得終止勞動契約。

另請注意本法第20條、企業併購法第16、17條等條文之規定。

3. 勞工是否可以主動出擊先終止勞動契約？

是否終止契約應屬雇主之權，因此勞工於雇主正式歇業或轉讓前，不可以先主動終止勞動契約而請求發給資遣費。

但如果雇主已未續發工資，亦不提供勞工從事工作之機會（可能是為圖使勞工知難而退，自請辭職以避免資遣費之發給），則勞工自得依本法第14條第1項第5款或第6款之規定，不經預告而終止勞動契約，並請求發給資遣費。

（十）虧損或業務緊縮

1. 二者之解僱原因不同，於解僱時必須表明

最高法院94年度台上字第1911號判決意旨認為：「虧損或業務緊縮為各別終止勞動契約之原因，自應分別審究之。亦即雇主虧損非必緊縮業務，而業務緊縮非必虧損，兩者間非必然有關聯性。查被上訴人於90年9月26日寄發終止兩造勞動契約

之存證信函，係以：『……公司因遭逢世界性不景氣狀況，今年初以來業務緊縮，為使公司繼續生存，顧全大部分員工工作權益，因而出於無奈，不得不決定縮減人事。本公司因而於90年9月24日告知台端將於90年9月26日終止貴我間勞動契約，並以勞動基準法規定之辦法計算資遣費……』等語，該函已明確記載係以『業務緊縮』為由，終止兩造勞動契約，而非以虧損為由，終止兩造勞動契約。乃原審逕以：被上訴人雖於前開存證信函中未明確記載公司『虧損』兩字，而係以『公司因遭逢世界性不景氣狀況』等語代替，但已足以為一般人明白其意義，故兩造間之勞動契約亦因之而終止等由，進而為上訴人不利之論斷，已有未洽。」

因此雇主於終止勞動契約時必須表明究係依據「虧損」抑或是「業務緊縮」之原因，或是依據本條文第幾款之原因，以備日後發生訴訟時，法院得以限定範圍而調查認定之。

2. 要解僱哪些勞工之選擇權

當企業面臨經營困難而須進行人事瘦身以降低經營成本時，須再面臨之困難就是評估挑選要資遣哪些員工，因為若不具有充分之正當理由，會遭到不公平、不合法之質疑，甚至萬一進入勞資訴訟程序也可能不獲法官的支持而判決為解僱不合法，因此須準備相關且充分之評估資料，更不可以有挾怨報復、歧視或權利濫用之情況。

最高法院109年度台上字第2386號民事判決，就此曾闡釋「惟按事業單位因業務緊縮，為謀求事業單位之永續經營及保障其餘勞工之權益，而有解僱部分勞工之必要時，關於如何決定解僱之勞工，除明顯欠缺合理性或有權利濫用等情形外，於年資、考績、工作能力等條件相仿勞工間選擇解僱或留用，應

賦予雇主相當之裁量選擇權，俾雇主得考量其經營管理之需要為合理之選擇考量」之意旨，可供參考（110年度台上字第676號民事判決亦採同一見解）。

3. 虧損之意義

何謂虧損？其判斷之基礎是以多久之期間作衡量、比較？又在企業多角化的經營下，單一部門之虧損，或者雖其他部門虧損，但該部門並未虧損，是否即屬虧損？乃係勞資雙方爭議攻防之爭點。

最高法院96年度台上字第1935號民事判決意旨認為：「按勞動基準法第11條第2款規定，虧損時雇主得片面終止勞動契約，係基於企業營運上之需求與勞工權益間所作之調和，企業是否虧損，雇主得否以此原因片面終止與受僱人間之僱傭契約，當以企業整體之營運、經營能力為準，而非以個別部門或是區分個別營業項目之經營狀態為斷。受僱人所服務之個別部門若有盈餘，且受僱人並非該部門之多餘人力，企業全體之虧損即與該部門無涉，雇主自不得以企業虧損為由解僱該盈餘部門之員工。」

此見解一直沿用迄今，甚至於該部門縱有虧損之情況，也應檢討是否可安置至其他部門，以符合「解僱最後手段性原則」，此有最高法院109年度台上字第1518號民事判決之見解「企業是否虧損，雇主得否以此原因片面終止與受僱人間之僱傭契約，當以企業整體之營運、經營能力為準，而非以個別部門或是區分個別營業項目之經營狀態為斷。如僅一部門業務虧損，而其他部門依然正常運作而仍有所獲利，甚至仍需勞工者，尚不得遽認其得預告勞工終止勞動契約，以避免雇主僅因短時間生產量及營業額，或一部門業務發生波動起伏，即逕予

解僱勞工之失衡現象。又雇主資遣勞工，必以其無從繼續僱用勞工，符合解僱最後手段性原則為限，始得為之，以保障勞工權益，倘尚有其他途徑可為，即不應採取終止契約之方式為之。」可供參考。

4. 業務緊縮之意義

因條文只是簡單四個字，故在適用上多有爭議，例如何謂「緊縮」？是以接單業務量、勞工數量、獲利情形或是什麼項目之減少作為標準？減少的幅度要達到百分之多少以上？期間要達到多久以上？再者，「業務緊縮」與「業務性質變更」有何不同？於判決實務上，有下列之判決意旨可供參考比較：

(1) 最高法院94年度台上字第1911號民事判決意旨

所謂「業務緊縮」，係指雇主在相當一段期間營運不佳，生產量及銷售量均明顯減少，其整體業務應予縮小範圍而言。至雇主所營事業因生產方式之改變或營業方向調整，其局部單位工作減少，人力可予裁減，尚非屬「業務緊縮」之列。本件被上訴人究有何「業務緊縮」，未見原審予以調查審認，僅以被上訴人90年間僱傭人數逐月遞減，即謂被上訴人確有「業務緊縮」之情事，亦嫌速斷。

(2) 最高法院100年度台上字第1057號民事判決意旨

按勞基法第11條第2款所謂「業務緊縮」，係指雇主在相當一段時間營運不佳，生產量及銷售量均明顯減少，其整體業務應予縮小範圍而言，與雇主之財務結構及資產負債情形無必然之關係。至雇主基於經營決策或為因應環境變化與市場競爭，改變經營之方式或調整營運之策略，而使企業內部產生結構性或實質上之變異，乃屬「業務性質變更」之範疇，而非「業務緊縮」，如因此須減少人力，亦不得以業務緊縮為由向

勞工終止契約。且雇主之生產量及銷售量有無明顯減少，應就企業之整體營業之業績觀察，不能僅就局部或個別之業務狀況加以判斷。故雇主依勞基法第11條第2款所規定之「業務緊縮」為理由，向勞工預告終止勞動契約，須以企業經營客觀上確有業務緊縮之情形，始得為之。

(3) 最高法院109年度台上字第1907號民事裁定意旨

　　至勞基法第11條第2款所謂業務緊縮，係指雇主在相當一段時間營運不佳，生產量及銷售量均明顯減少，其整體業務應予縮小範圍而言。上訴人未與訴外人中華電信股份有限公司續約，乃基於經營決策所為之調整，僅係一時性、個別性之業務狀況，而非業務緊縮，上訴人復無法證明其於終止勞動契約時，已相當一段時間營運不佳，生產量及銷售量均明顯減少，其整體業務應予縮小範圍，則其依勞基法第11條第2款終止勞動契約，亦非適法。

5. 於業務緊縮而有資遣勞工之必要時，是否須符合解僱最後手段性原則？

　　本款之規定，並不像第4款關於業務性質變更之規定，尚有以「又無適當工作可供安置時」為資遣之要件，故於解僱前，是否必須先採取調整職務或其他防止解僱之措施？最高法院95年度台上字第1692號民事判決採取否定說，但後來之見解都以「解僱最後手段性原則」而採取肯定說，例如：

(1) 最高法院106年度台上字第2648號民事判決意旨

　　按雇主依勞基法第11條第2款之業務緊縮為由，固得預告勞工終止勞動契約，惟本諸勞基法保障勞工權益及加強勞雇關係之旨趣，仍應以相當時間持續觀察，從雇主之事業單位近年來營業狀況及盈虧情形綜合加以判斷，自客觀上觀察其整體業

務是否有應予縮小範圍之情形及必要。如僅短期營收減少或因其他一時性原因致收入減少，而不致影響事業之存續，或僅一部業務減少而其他部門依然正常運作仍需勞工者，尚不得遽認其得預告勞工終止勞動契約，以避免雇主僅因短時間業務減縮或適逢淡旺季，生產量及營業額發生波動起伏，即逕予解僱勞工之失衡現象。又雇主資遣勞工，必以其無從繼續僱用勞工，符合解僱最後手段性原則為限，始得為之，以保障勞工權益，倘尚有其他途徑可為，即不應採取終止契約之方式為之。

(2) 最高法院109年度台上字第2721號民事判決意旨

　　按雇主有虧損或業務緊縮，得預告勞工終止勞動契約，此觀勞基法第11條第2款規定即明。是以雇主於有虧損或業務緊縮時，為保障雇主營業權，有裁員之必要，以進行企業組織調整，謀求企業之存續，俾免因持續虧損而倒閉，造成社會更大之不安，而於資遣前先在可期待範圍內依據誠實及信用原則，採用對受僱人權益影響較輕之替代措施，確保受僱人之僱用地位得以繼續存在，已盡安置義務，但為受僱人拒絕接受，無從繼續僱用勞工，符合解僱最後手段性原則，即得預告勞工終止勞動契約。

(3) 最高法院109年度台上字第3184號民事裁定意旨

　　按雇主資遣勞工，必以其無從繼續僱用勞工，符合解僱最後手段性原則為限，始得為之，以保障勞工權益，倘尚有其他途徑可為，即不應採取終止契約之方式為之。原審本此見解而為論斷，並無增加勞動基準法第11條第2款所無之限制。

(十一) 業務性質變更

1. 含義範圍

　　最高法院98年度台上字第652號民事判決曾闡釋「因該款

所謂『業務性質變更』，除重在雇主對於全部或一部分之部門原有業務種類（質）之變動外，最主要尚涉及組織經營結構之調整，舉凡業務項目、產品或技術之變更、組織民營化、法令適用、機關監督、經營決策、預算編列等變更均屬之」（109年度台上字第1396號民事判決亦採同一見解）。另107年度台上字第1951號民事判決意旨則認為「按雇主依勞基法第11條第4款規定減少勞工要件之『業務性質變更』，於雇主出於經營決策或因應市場競爭條件及提高產能、效率之需求，採不同經營方式，致該部分業務發生結構性及實質性改變者，亦屬之」。

2. 安置義務與適當工作

最高法院107年度台上字第957號民事判決就此二者之關係，認為「按雇主因業務性質變更，有減少勞工之必要，又無適當工作可供安置，得預告勞工終止勞動契約，觀勞基法第11條第4款規定自明。依該條款規定，雇主因業務性質變更而有減少勞工必要，仍應先盡安置勞工義務，必無處可供安置勞工時，始得資遣勞工，此種安置乃為迴避資遣的調職，該所謂『適當工作』，當指在資遣當時或資遣前後相當合理期間內，有與勞工受資遣當時之工作條件相當，且屬勞工之能力可勝任並勞工願意接受者而言。故雇主資遣勞工之際或相當合理期間前後雖有其他工作職缺，惟該職缺之工作條件與受資遣勞工顯不相當，或非該勞工所得勝任，或資遣勞工經相當合理期間後始產生之工作職缺，均難認係適當工作，而責令雇主負安置義務」可供參考。

3. 考量是否尚有適當工作時，須擴張考量到「有實體同一性」的其他企業

　　於家族型的企業，本即可能設立多家公司行號，且基於稅務、多角化經營或分割合併等現代經營之考量，由一家公司再投資設立其他公司之情形也愈來愈多，故若其中一家公司欲以本款規定解僱勞工時，勞工可否主張不應解僱而應安排至其他有緊密關係之公司繼續工作？

　　最高法院就此是採取肯定之見解，例如98年度台上字第652號民事判決即闡釋「故解釋該款末句所稱之『無適當工作可供安置時』」，為保障勞工之基本勞動權，加強勞雇關係，促進社會與經濟發展，防止雇主以法人之法律上型態，規避不當解僱行為之法規範，杜絕雇主解僱權濫用之流弊，自可將與『原雇主』法人有『實體同一性』之他法人，亦無適當工作可供安置之情形併予考慮在內，即『原雇主』法人與另成立之他法人，縱在法律上之型態，名義上之主體形式未盡相同，但該他法人之財務管理、資金運用、營運方針、人事管理暨薪資給付等項，如為『原雇主』法人所操控，該他法人之人格已『形骸化』而無自主權，並有適當工作可供安置勞工，二法人間之構成關係顯具有『實體同一性』者，均應包括在內，始不失該條款規範之真諦，庶幾與誠信原則無悖。」乃至於109年度台上字第1396號民事判決，仍是維持同一之見解。

（十二）勞工確不能勝任工作
1. 包括「客觀上」及「主觀上」不能勝任工作

　　最高法院95年度台上字第916號民事判決意旨即揭示：「按勞基法第11條第5款所謂不能勝任工作，不僅指勞工在客

觀上之學識、品行、能力、身心狀況,不能勝任工作者而言,即勞工主觀上能為而不為,可以做而無意願做,違反勞工應忠誠履行勞務給付之義務者亦屬之。此由勞基法之立法本旨在於保障勞工權益,加強勞雇關係,促進社會與經濟發展觀之,為當然之解釋。」之後的判決也都沿用此一見解。

2. 解僱最後手段性原則

最高法院96年度台上字第2630號民事判決意旨,除重申上述包括「客觀上」及「主觀上」不能勝任工作之因素外,更進一步闡述:「且須雇主於其使用勞基法所賦予保護之各種手段後,仍無法改善情況下,始得終止勞動契約,以符『解僱最後手段性原則』」。亦即倘若雇主尚可採取例如教育訓練、調整職務……等得以改善工作狀況之手段方式,則雇主仍應先採取這些手段方式,以期改善,而不可以直接就解僱勞工。

因此,雇主若認部分勞工的工作表現或工作態度不符期待,則須先進行上開手段,並做好各項書面紀錄,萬一仍無法改善而予解僱,並發生勞資爭議時,才有可能通過法院的審查,否則若被認定為解僱不合法,不僅要補發薪資,而且後續如何修補勞雇及同事間之關係,實係很大的難題。

(十三)優先解僱外籍勞工?

因國內勞動市場之轉變,故甚多雇主僱傭外籍勞工,惟若發生虧損或業務緊縮之情形時,究應優先解僱外籍勞工?還是本國勞工?抑或是不分國籍、平等處理?最高法院曾有幾則判決,值得參考並作為解僱勞工時之依循:

1. 94年度台上字第2339號民事判決意旨

為保障國民工作權,聘僱外國人工作,不得妨礙本國人

之就業機會、勞動條件、國民經濟發展及社會安定，亦為修正前之就業服務法第41條（91年1月21日修正後為第42條）所明定。此乃為促進國民就業，以增進社會及經濟發展，所制定之特別規定（就業服務法第1條參照），應優先於勞基法之適用，蓋聘僱外國人工作，乃為補足我國人力不足，而非取代我國之人力，故雇主同時僱有我國人及外國人為其工作時，雇主有勞基法第11條第2款得預告勞工終止勞動契約之情事時，倘外國勞工所從事之工作，本國勞工亦可以從事而且願意從事時，為貫徹保障國民工作權之精神，雇主即不得終止其與本國勞工間之勞動契約而繼續聘僱外國勞工，俾免妨礙本國人之就業機會，有礙國民經濟發展及社會安定。查本件被上訴人於90年1月15日終止與上訴人間之勞動契約時，尚有外勞103名在其廠內工作，為原審確定之事實。若此，被上訴人依勞基法第11條第2款規定得預告勞工終止勞動契約時，即應斟酌公司業務情況，如外國勞工所從事之工作，本國勞工亦可以從事而且願意從事時，雇主即不得繼續聘僱外國勞工而終止其與本國勞工間之勞動契約，以符上揭就業服務法保護本國人就業機會之旨趣。本件被上訴人於終止與上訴人間之勞動契約時，是否有先徵詢上訴人是否願意從事其所聘僱外國勞工所從事之工作？上訴人是否不同意？此攸關其與上訴人間終止勞動契約是否生效之判斷。

2. 95年度台上字第1692號民事判決意旨

就業服務法第42條所定「優先留用本勞」之原則，係指「同一職務」而言，非指事業單位需將外勞裁至一個不剩時，方可裁減本勞。是於企業裁減本勞時，如尚留有外勞，只要工作職位並非相同，則其裁減本勞，即不得指為違法。

第12條（雇主無須預告即得終止勞動契約之情形）

勞工有下列情形之一者，雇主得不經預告終止契約：

一、於訂立勞動契約時有虛偽意思表示，使雇主誤信而有受損害之虞者。

二、對於雇主、雇主家屬、雇主代理人或其他共同工作之勞工，實施暴行或有重大侮辱之行為者。

三、受有期徒刑以上刑之宣告確定，而未諭知緩刑或未准易科罰金者。

四、違反勞動契約或工作規則，情節重大者。

五、故意損耗機器、工具、原料、產品或其他雇主所有物品，或故意洩漏雇主技術上、營業上之秘密，致雇主受有損害者。

六、無正當理由繼續曠工三日，或一個月內曠工達六日者。

雇主依前項第一款、第二款及第四款至第六款規定終止契約者，應自知悉其情形之日起，三十日內為之。

解說

　　本條文係針對勞工較嚴重的行為或事由而賦予雇主無須預告即可終止勞動契約，並因此無須給付資遣費的權利，但請注意，若欲以本條文第1項第1款、第2款、第4款、第5款或第6款之規定事由來解僱勞工，則務必於自知悉其情形之日起（不一定是從事實發生日起）三十日內解僱勞工，否則超過這個時間才要向勞工表示終止勞動契約，是不生效力的。

（一）第1項各款事由之併存及選擇

第1項各款事由可能會有同時符合而並存的情形，例如勞動契約或工作規則中可能會約定打架、破壞機器、洩密或曠工之處罰，因此若發生此類事件，可能就同時符合第2款（或第5款或第6款）及第4款之情形，此時雇主欲終止勞動契約時，最好是同時引用二個以上之事由（即條文之規定），以確保有效地終止勞動契約。因為依最高法院95年度台上字第2720號、109年度台上字第1008號等民事判決之見解，雇主有告知解僱事由之義務，且不可以隨意改列解僱事由。尤其，若於表示解僱之後才又想要追加其他解僱事由，有可能會因超過三十日的除斥期間而不得追加矣！

（二）第1項第1款之說明

本款之事由若依民法第92條及第93條之規定本來是應該由雇主撤銷僱傭之意思表示，且可於一年內為之，但依本法之規定則係以終止契約的方式來處理，且應於自知悉之日起三十日內為之。本款之情形例如勞工僅有高中畢業學歷，卻冒充大學畢業的學歷前往應徵需以大學畢業為錄取要件之工作，結果真的被錄取，雇主事後發現時可以本款之規定來解僱勞工。

（三）第1項第2款之說明

本款需以「實施暴行或有重大侮辱之行為」為要件，如果只是過失、開玩笑式的推拉或口頭戲謔，縱使造成對方當事人身體受傷或心靈上之創傷，應不可以本款之事由來解僱勞工。例如：勞工不滿經理之人事調動，而對經理大罵三字經，應認已符合本款之事由，但若勞工係對經理施以身體接觸的「撒嬌」，縱致使經理因此心神不寧而跌倒受傷，仍不符合本款所

示之「暴行」，而不得因此解僱勞工。本款並未以受刑事責任之追訴為要件，故被害人縱使未提出刑事案件之告訴，雇主仍可以予以解僱。

（四）第1項第3款之說明

本款之事由必須是勞工受判決「確定」（不得再上訴）時，始可用來解僱勞工，因此，若勞工僅受一審判決時，雇主即表示解僱勞工，嗣後勞工經上訴後仍維持有期徒刑以上刑之宣告，並告確定（不得再上訴），雇主於此時若不於自知悉判決確定時起三十日內表示解僱，恐怕是不生解僱的效力。因為第一次之解僱表示，因不符合法定要件而不生效力，而第二次之解僱表示，則因超過三十日之除斥期間，也不生效力。

（五）第1項第4款之說明

1. 本款較易發生之糾紛大概是在「情節是否重大」的認定結果上，而此糾紛若不能以協調來解決，恐怕也只有留待法院去認定了。

2. 解僱最後手段性原則：最高法院近年來之判決，一再揭示此一原則，因此雇主於解僱勞工時，請注意是否已符合此一原則，否則日後若發生訴訟，恐無法通過法院之審查而被認定解僱不生效力（若此，則須依民法第487條規定而補發薪資）：

(1) 95年度台上字第2465號民事判決意旨

按勞基法第12條第1項第4款規定，勞工有違反勞動契約或工作規則，情節重大者，雇主得不經預告終止契約。所謂「情節重大」，係屬不確定之法律概念，不得僅就雇主所訂工作規則之名目條列是否列為重大事項作為決定之標準，須勞工違反

71

工作規則之具體事項，客觀上已難期待雇主採用解僱以外之懲處手段而繼續其僱傭關係，且雇主所為之懲戒性解僱與勞工之違規行為在程度上須屬相當，方符合上開勞基法規定之「情節重大」之要件。則勞工之違規行為態樣、初次或累次、故意或過失違規、對雇主及所營事業所生之危險或損失、勞雇間關係之緊密程度、勞工到職時間之久暫等，均為是否達到懲戒性解僱之衡量標準。

(2) 96年度台上字第982號民事判決意旨

查勞工原屬經濟上之弱者，須保障其生存權，雇主依勞動契約對於勞工固有指示工作權責，並得實施懲戒，惟解僱勞工涉及勞工既有工作權之喪失，要屬勞工工作權保障之核心範圍，雇主解僱勞工，應屬最後之手段，非不得已，自不許雇主恣意為之，故勞動基準法第12條第1項第4款明文規定勞工違反勞動契約或工作規則，須至情節重大之程度，雇主始得不經預告而終止契約。

3. 不得僅以「記滿三大過」作為解僱事由

最高法院95年度台上字第2243號判決意旨認為，不能僅因為工作規則已規定記滿三大過即予解僱且該勞工年度懲戒結果已滿三大過，即可解僱該勞工，而必須回歸本法條之規定，就該勞工各次之違規情事，是否確有其事及其情節是否重大，作必要之審查。

（六）第1項第5款之說明

本款之事由只限於「故意」之情形，若勞工係因過失而有耗損機器或洩漏秘密之行為，則不得引用本款之規定來解僱勞工，只能依工作規則予以懲處，或依民法等規定而請求損害賠償。

（七）第1項第6款之說明

1. 何謂「無正當理由」？

依條文的反面解釋，若有正當理由，則不算是曠工，但爭議就是發生在勞資雙方對於「理由是否正當」之認知不同，尤其是在「是否要完成請假手續」、「調職後是否應就任新工作」及「職災後是否應回來上班」等問題，最容易發生糾紛。

2. 是否應完成請假手續？

最高法院84年度台上字第1275號民事判決認為，勞工之曠工非屬無正當理由者，縱使繼續曠工達三日，雇主仍然不可以本款之規定來終止契約。該判決之案例內容略為勞工主張係因病而無法上班且有以電話向領班請假，最高法院認為縱使請假的手續不依規定或未獲准許，但若果真有生病無法上班工作之事實，仍不能說該勞工就是無正當理由之曠工而因此解僱該勞工。

又，最高法院104年度台上字第781號民事判決亦認為「按勞工無正當理由繼續曠工三日者，雇主固得不經預告終止契約。惟所謂正當理由，應就勞雇雙方之主客觀因素為判斷。勞工因請假未符雇主所定程式或未獲准假而未工作，縱屬曠工，然非必無正當理由。」

該案例是勞工申請特休假，但雇主未有正當理由而不准假，但勞工仍然出國而未上班。

但是最高法院97年度台上字第13號民事判決卻有不同之見解：「勞工於有事故，必須親自處理之正當理由時，固得請假，然法律既同時課以勞工應依法定程序辦理請假手續之義務。則勞工倘未依該程序辦理請假手續，縱有請假之正當理由，仍應認構成曠職，得由雇主依法終止雙方間之勞動契約，

始能兼顧勞、資雙方之權益。」又109年度台上字第2250號民事判決也是採同一見解。

因為存在著風險，故為避免落得因被認定是曠工而遭解僱，致「工作及資遣費兩空」之慘境，建議勞工仍須依服務單位規定之請假手續辦理，不要冒險。

3. 調職後未就任新工作

勞工可能因為雇主之調職違反本法第10條之1，乃不就任新工作，但雇主可能就會以曠工為理由而解僱勞工，致產生爭議，此部分請見本書關於第10條之1的說明。

4. 發生職災經治療後是否應回來上班？

發生職災後，勞工會認為因公受傷、很委屈，故希望回復到原來之健康狀態後，再回去上班。但雇主則是認為，勞工既已結束治療，即應回來工作，而縱使尚須定期復健，但仍可以調職而從事比較簡易之工作，尤其雇主更會認為既然仍繼續付薪水，則希望勞工回來從事比較簡易之工作，以節省人事成本。因此便產生了勞資爭議。

實務判決都認為，如果真的已結束治療，則勞工即應回來從事原來或簡易之工作，若勞工仍執意不上班，則雇主可以曠工為理由而予解僱（請參照最高法院98年度台上字第2377號、105年度台上字第1687號、第1945號等民事裁定）。因此仍建議勞工於接獲雇主回復上班之要求時，最好一面回去上班，一面依勞資爭議程序尋求救濟，以免遭到解僱致失去工作及資遣費。

5. 繼續曠工三日之界定

最高法院81年度台上字第127號民事判決認為「繼續曠工」是指勞工實際應為工作之日，無故繼續不到者，其受核准

請假（休假）之日，固不得併予計入繼續曠工之範圍，但亦不因其中間隔有該請假日而阻卻其繼續性。例如勞工在10月8日及9日均曠工，而10月10日國慶日本即放假不必上班，所以此情形仍尚未達到三日，但若連10月11日都曠工，則雖然中間隔著一個國慶日（放假日），仍應屬於繼續曠工三日而得以解僱勞工。

（八）第2項說明

1. 「雇主」的定義

　　本法雇主之定義並不以負責人、老闆為限（§2②），所以若係代表事業主處理有關勞工事務之人知悉第1款規定之事由，即算是已知悉，因此此類雇主若未於三十日內解僱勞工，嗣後事業主或負責人（老闆）不可再主張伊知悉之時間在後，而另應重新起算三十日。

2. 「知悉」之意義

　　就以第1項第2、3款之事由為例，究竟是「雇主知悉勞工實施暴行」或「雇主知悉法院已判決有罪確定」等情形中的哪一個情形才算是「知悉」而開始起算三十日？因為主張後者的理由是：若未經法院判決確定，怎知勞工是否真的有實施暴行？這實在是一個見仁見智之爭議，因此建議在每個階段都不妨一再地表示終止勞動契約，免得因為只孤注一擲、嗣後又不被法院採納而喪失了終止契約之機會。

　　最高法院104年度台上字第167號民事判決意旨就此問題，曾闡釋係指「有所確信者而言」，可供參考（109年度台上字第290號、110年度台上字第9號民事裁定，亦採相同見解），但如何之程度才可說是「確信」，實又係另一爭議。

3. 舉證責任

通常雇主都會主張知悉事由後，終止契約時仍未超過三十日，故若勞工主張雇主知悉事由已超過三十日，則應係由勞工負責舉證證明如此之例外情況。

4. 勞資爭議調解期間不計入三十日之期間

臺灣高等法院98年度重勞上字第13號民事判決，曾闡釋下列之見解：「又按勞資爭議處理法第7條規定：『勞資爭議在調解或仲裁期間，資方不得因該勞資爭議事件而歇業、停工、終止僱傭契約或為其他不利於勞工之行為』，此規定旨在保障勞工合法之爭議權，並使勞資爭議在此期間內得以暫時冷卻，使勞資雙方等待勞資爭議調解委員會或仲裁委員會之調解或仲裁結果，避免爭議事件擴大，故雇主關於勞資雙方在爭議調解期間內所涉爭議事件之終止權，在該段期間內被限制暫時不得行使，此時若繼續計算勞基法第12條第2項之三十日除斥期間，無異使雇主須在勞工申請調解之前即先為終止契約之表示，以避免該三十日不能行使終止權之不利益，恐使雇主為爭取時間而在未充分瞭解事實等相關問題之情況下即先為終止，如此對勞工應更為不利。準此，應認雇主在上開調解期間內既不能行使終止權，則該調解期間不應計入上開三十日除斥期間，待調解結束後，雇主解僱權可行使之情況，再將之前所經過之時間合併計算。」而上訴後之最高法院99年度台上字第2054號民事判決則予維持。又後來之最高法院110年度台上字第9號民事裁定，仍採同一見解。

5. 人事評議委員會之調查、評議期間

有些企業為避免雇主流於主觀的恣意，而設立較客觀的人事評議委員會來處理人事之調動、懲處及解僱等事宜，但此

段調查、評議的期間是否不計入三十日之期間，亦有爭議。惟若依上述勞資爭議調解期間之同一道理，若於雇主知悉勞工之解僱事由後，未經較客觀的調查及評議，即要求雇主須於三十日內表示解僱，對於勞工也是不利，因此應認此段期間不計入三十日之期間。

第13條（雇主終止勞動契約之禁止暨例外）
勞工在第五十條規定之停止工作期間或第五十九條規定之醫療期間，雇主不得終止契約。但雇主因天災、事變或其他不可抗力致事業不能繼續，經報主管機關核定者，不在此限。

解說

本條文係針對雇主終止勞動契約的權利在時間上做一限制，亦即雇主縱有本法第11條或第12條之事由，但仍不得在本條文規定之期間內（分娩前後及職業災害醫療期間）終止勞動契約，否則不生終止勞動契約的效力。而本條文又為兼顧在特殊情形下雇主的權益，所以在但書規定雇主因天災、事變或其他不可抗力致事業不能繼續，經報主管機關核定者，也可以在本條文規定之期間內，以第11條或第12條規定之事由終止勞動契約。又請注意職業災害勞工保護法第23條關於雇主得預告終止與職業災害勞工之勞動契約之規定。

（一）需經報主管核定始生效力

就條文之規定而言，報主管機關核定，乃是終止契約之要件，故若未經核定，其終止契約自不生效力。而司法院第14期

司法業務研究會研討結論及司法院第一廳研究意見認為本條文但書「報主管機關核定」之規定，是強制規定，此觀諸同法第78條之規定至明，雇主違反此強制規定，縱有天災、事變或其他不可抗力之事故，其解僱仍應屬無效。

（二）罰則

違反本條文之規定，在本條文規定之期間內仍終止勞動契約者，雇主應依本法第78條之規定，處以新臺幣9萬元以上45萬元以下之罰鍰。又依本法第80條之1第1項規定，違反本法經主管機關處以罰鍰者，主管機關應公布其事業單位或事業主之名稱、負責人姓名，並限期令其改善；屆期未改善者，應按次處罰。

（三）在勞資爭議調解或仲裁期間，是否可以終止契約？

1. 依勞資爭議處理法第8條規定：勞資爭議在調解或仲裁期間，資方不得因該勞資爭議事件而歇業、停工、終止勞動契約或其他不利於勞工之行為，也是針對雇主終止勞動契約的權利在時間上所作的限制。司法院第14期司法業務研究會司法院第一廳研究意見認為本法第12條第1項第1、2、3、5款規定之情形，顯與勞資爭議事件無關，但第4款及第6款規定之情形，如係與勞資爭議事件有關，則雇主在調解或仲裁期間不得逕依本法第12條第1項之規定終止勞動契約。

2. 雇主仍得因歇業而終止契約：最高法院93年度台上字第1614號民事判決意旨即認為：「按勞資爭議在調解或仲裁期間，資方固不得因該勞資爭議事件而終止勞動契約，惟如非因該勞資爭議事件，而另有其他正當理由，則資方尚非不得終止

勞動契約，此觀勞資爭議處理法第7條規定自明。……雇主
可否歇業，非屬上開規定所稱勞資爭議之範疇，是雇主如確
因歇業而依勞動基準法第11條第1款規定預告勞工終止勞動
契約，縱勞工有爭執而申請調解，既非屬勞資爭議處理法所
定之勞資爭議，雇主終止勞動契約自不受該法第7條規定之
限制。」

3. 勞方得終止契約：最高法院93年度台上字第1613號民事判決
   意旨即認為勞資爭議處理法第8條之規定，並未限制勞方終
   止契約，亦即勞資爭議在調解或仲裁期間，倘勞工有勞動基
   準法第14條規定之事由，仍得向雇主終止勞動契約。

第14條（勞工得不經預告終止勞動契約之情形）

有下列情形之一者，勞工得不經預告終止契約：

一、雇主於訂立勞動契約時為虛偽之意思表示，使勞工誤信
　　而有受損害之虞者。

二、雇主、雇主家屬、雇主代理人對於勞工，實施暴行或有
　　重大侮辱之行為者。

三、契約所訂之工作，對於勞工健康有危害之虞，經通知雇
　　主改善而無效果者。

四、雇主、雇主代理人或其他勞工患有法定傳染病，對共同
　　工作之勞工有傳染之虞，且重大危害其健康者。

五、雇主不依勞動契約給付工作報酬，或對於按件計酬之勞
　　工不供給充分之工作者。

六、雇主違反勞動契約或勞工法令，致有損害勞工權益之虞
　　者。

勞工依前項第一款、第六款規定終止契約者，應自知悉其情形之日起，三十日內為之。但雇主有前項第六款所定情形者，勞工得於知悉損害結果之日起，三十日內為之。

有第一項第二款或第四款情形，雇主已將該代理人間之契約終止，或患有法定傳染病者依衛生法規已接受治療時，勞工不得終止契約。

第十七條規定於本條終止契約準用之。

解說

（一）適用於定期及不定期契約

不論是定期契約或不定期契約，只要雇主有本條文規定之事由，勞工便可毋須預告而終止勞動契約。而本條文應注意事項與第12條之情形相同（即應注意證據的保存及自「知悉」時起三十日內終止契約），故於本條文即不再贅述。

（二）法定傳染病

本條文第1項第4款原係規定「患有惡性傳染病，有傳染之虞」者，但為配合傳染病防治法之定義，故於105年11月16日修正公布為現今之條文，且第4項條文亦予配合修正。

（三）雇主不依勞動契約給付工作報酬

最常見者乃是未給付加班費或未足額給付。而有爭議者，是否不論金額多寡、情節輕重，勞工均可以主張終止契約？尤其是在給付不足額之情形，常是因為是否要將某項目之給付計入為工資，而產生爭議，若因此而得終止契約，對於雇主是否過苛？誠值檢討修法。

（四）雇主違反勞動契約或勞工法令，致有損害勞工權益之虞

本法及其他勞工法令有各種保護勞工之規定，若有違反，即符合本條之規定。實務上曾出現之糾紛，類型上包括未依法設立職工福利委員會（最高法院92年度台上字第1779號民事判決）、未經與員工協商就強制勞工簽署同意減薪及無薪假之員工守則（最高法院103年度台上字第1801號民事判決）、調整司機駕駛路線致減少薪資（最高法院105年度台上字第1906號民事判決）。

於最高法院110年度台上字第22號民事判決之案例，雇主（醫院）是因未依職業安全衛生之相關規定，給予勞工（護理師）有關之訓練，亦未提供有效之自我防衛工具等原因，致遭病患之攻擊，勞工乃向雇主表示終止契約。而其爭點之一，乃在於雇主違反勞工法令是否須達情節重大之程度，勞工才可以終止契約？法院則是採取否定之見解，而闡釋「按當事人之一方，遇有重大事由，其僱傭契約，縱定有期限，仍得於期限屆滿前終止之，民法第489條第1項定有明文。勞基法規定勞動契約之一方當事人有該法第12條第1項或第14條第1項各款所列情形之一時，他方得不經預告終止契約，即係將民法第489條第1項所指重大事由予以具體化之規定。是勞基法第14條第1項第6款規定雇主違反勞動契約或勞工法令，致有損害勞工權益之虞，即該當重大事由，勞工得據以終止勞動契約；至於雇主一方依同法第12條第1項第4款規定終止勞動契約，須勞工違反勞動契約或工作規則，且情節重大，始屬重大事由，二者該當之要件不同，自無從比附援用。

但雇主未依法或依約而為終止勞動契約之行為，是否屬於

本款之情形？最高法院86年度台上字第338號民事判決，是採否定之見解，但後來107年度台上字第1709號民事判決則是採肯定之見解。

（五）除斥期間之起算

依本條文第2項前段之規定，是自「知悉」時起算，但因本條文第1項第6款，是以「致有損害勞工權益之虞」為要件，故為求明確，所以本條文第2項後段之三十日除斥期間的起算點，於105年11月16日修正公布為得自知悉損害結果之日起算。

（六）雇主不發給資遣費，可否依第78條之規定加以處罰？

本條文第4項雖規定勞工依本條文第1項之規定終止勞動契約時，可準用第17條之規定請求資遣費，但若雇主此時不依規定發給資遣費則可否準用第78條「違反……第17條……者，科新臺幣30萬元以上150萬元以下罰鍰」之規定來處罰？司法院77年9月8日(77)廳刑一字第1457號函認為依罪刑法定主義之原則，不得準用第78條之規定處罰。而造成不能處罰之結果，似有違保護勞工之立法目的，更何況雇主非因可歸責於己之因素終止契約，若不給付資遣費，要受第78條規定之處罰，但此時因可歸責於雇主之因素而終止契約，若雇主不給付資遣費，卻反而不受處罰，豈不怪哉？

第15條（勞工須預告始得終止勞動契約之情形）
特定性定期契約期限逾三年者，於屆滿三年後，勞工得終止

契約。但應於三十日前預告雇主。
不定期契約，勞工終止契約時，應準用第十六條第一項規定
期間預告雇主。

解說

　　本條文係規定勞工對「特定性定期契約工作滿三年後」及
「不定期契約」欲終止契約時應預告雇主。但定期契約尚未屆
滿或特定性定期契約工作尚未超過三年之勞工可不可以終止契
約？如果可以終止契約，是否要預告雇主？預告期間應係三十
日或是依第16條第1項規定之期間？以上問題實不無爭議，故
似應修法明確規定為妥。

（一）勞工違反本條文規定之後果

1.民事責任

　　勞工未經預告即終止契約，應認為亦生終止契約之效
力（若認為不生終止契約之效力，似乎對雇主也沒有什麼實
益），只是可能因此而造成雇主的損害，勞工需負損賠償責
任。但請注意，縱使雇主認為勞工不告而別或未完成交接致受
有損害，但因勞工是否應賠償？賠償金額為何？尚未經協商或
判決確定，故雇主仍應依本法第22條給付全額之工資，不可以
直接扣除自認之賠償金額，也不可以主張勞工須完成交接才要
給付工資，否則會遭到處罰。

2.刑事責任

　　雇主違反本法第16條之規定，依本法第79條之規定應予處
罰，而勞工既依本條文第2項準用第16條第1項之規定，則勞工
違反時，是否亦應依本法第79條之規定來處罰？依「罪刑法定
原則」，應認為不可予以處罰。

（二）職業災害勞工保護法

另請注意職業災害勞工保護法第24條亦有規定職業災害勞工得終止契約之事由，其中依第1款規定之事由終止契約者，尚且需依該法第26條第2項之規定，準用勞動基準法規定而預告雇主。

第15條之1（勞工最低服務年限之約定）

未符合下列規定之一，雇主不得與勞工為最低服務年限之約定：

一、雇主為勞工進行專業技術培訓，並提供該項培訓費用者。

二、雇主為使勞工遵守最低服務年限之約定，提供其合理補償者。

前項最低服務年限之約定，應就下列事項綜合考量，不得逾合理範圍：

一、雇主為勞工進行專業技術培訓之期間及成本。

二、從事相同或類似職務之勞工，其人力替補可能性。

三、雇主提供勞工補償之額度及範圍。

四、其他影響最低服務年限合理性之事項。

違反前二項規定者，其約定無效。

勞動契約因不可歸責於勞工之事由而於最低服務年限屆滿前終止者，勞工不負違反最低服務年限約定或返還訓練費用之責任。

解說

雇主僱用勞工，自係希望勞工於熟悉工作內容後能長期任

職以提供回饋，否則若勞工之流動率高，實影響營運效率，因此雇主會有「綁定」勞工之需求，但相對地，此舉則影響勞工之工作權（選擇工作之自由），因此亦會產生勞資爭議。本法於104年12月16日增訂公布本條文，作為此類約定之基準，以期消弭爭議。

於本條文增訂前，最高法院96年度台上字第1396號民事判決，對此爭議問題曾有下列之闡釋，頗值參考：按現行勞動基準法就雇主與勞工間之勞動契約，雖未設有勞工最低服務期間之限制，或不得於契約訂定勞工最低服務期限暨其違約金之禁止約款，但為保障勞工離職之自由權，兼顧各行業特性之差異，並平衡雇主與勞工雙方之權益，對於是項約款之效力，自應依具體個案情形之不同而分別斷之，初不能全然否定其正當性。又最低服務年限約款適法性之判斷，應從該約款存在之「必要性」與「合理性」觀之。所謂「必要性」，係指雇主有以該約款保障其預期利益之必要性，如企業支出龐大費用培訓未來員工，或企業出資訓練勞工使其成為企業生產活動不可替代之關鍵人物等是。所謂「合理性」，係指約定之服務年限長短是否適當？諸如以勞工所受進修訓練以金錢計算之價值、雇主所負擔之訓練成本、進修訓練期間之長短及事先約定之服務期間長短等項為其審查適當與否基準之類。

而如同離職後競業禁止之約定一樣，通常會伴隨高額違約金之約定，故若此類約定因不合法而無效，則違約金之約定自隨之無效。而倘若此類約定係合法有效，則違約金之約定雖亦有效，但若約定之金額過高，仍可以依民法第252條「約定之違約金額過高者，法院得減至相當之數額」之規定而向法院起訴請求酌減（或於被訴請求給付違約金時向法院請求酌減），

並非一定就必須依約定之高額違約金給付。故為避免增加爭議，建議於約定違約金額時，不要一味地約定超高鉅額，而須衡量資方可能遭受之損失、勞方之得利情形及清償能力等各項因素而約定一個較合理的金額。

第16條（雇主終止勞動契約之預告期間）
雇主依第十一條或第十三條但書規定終止勞動契約者，其預告期間依下列各款之規定：
一、繼續工作三個月以上一年未滿者，於十日前預告之。
二、繼續工作一年以上三年未滿者，於二十日前預告之。
三、繼續工作三年以上者，於三十日前預告之。
勞工於接到前項預告後，為另謀工作得於工作時間請假外出。其請假時數，每星期不得超過二日之工作時間，請假期間之工資照給。
雇主未依第一項規定期間預告而終止契約者，應給付預告期間之工資。

解說

　　雇主因不可歸責於勞工之事由而終止勞動契約，應該事先預告勞工，使勞工有預備的時間可以另謀他就，不致於突然陷入斷炊之苦。所以本條文便規定預告之期間並規定在預告期間內勞工可以請假外出謀職。但雇主若有法定的終止事由，縱使沒有依本條文的規定給予預告期間，雇主的終止契約仍然有效，只是應依本條文第3項之規定給付預告期間之工資而已（司法院第14期司法業務研究會研討結論及司法院第一廳研究

意見）。

（一）罰則

雇主若違反本條文之規定，則依本法第79條第3項之規定，處新臺幣2萬元以上30萬元以下之罰鍰，而且依本法第80條之1規定，應公布其事業單位或事業主之名稱、負責人姓名，並限期令其改善；屆期未改善者，應按次處罰。

（二）勞工依第15條第1項終止契約後，可否依本條文第2項規定請「謀職假」？

司法院第14期司法業務研究會研討結論及司法院第一廳研究意見都認為本法第16條第2項規定之「謀職假」，於雇主依法終止契約時，始有其適用。如果勞工主動對雇主表示終止契約者，則勞工就如何另謀他職及另謀他職所需之時間，應早有預估，且法律既未規定此時亦應給予謀職假，自不得主張比照第16條第2項之規定。

第17條（資遣費之計算）
雇主依前條終止勞動契約者，應依下列規定發給勞工資遣費：
一、在同一雇主之事業單位繼續工作，每滿一年發給相當一個月平均工資之資遣費。
二、依前款計算之剩餘月數，或工作未滿一年者，以比例計給之。未滿一個月者以一個月計。
前項所定資遣費，雇主應於終止勞動契約三十日內發給。

解說

　　本條文係規定雇主依第11條或第13條但書規定終止勞動契約時給付資遣費的標準。另外，勞工依第14條第1項之規定終止勞動契約時，亦可準用本條文向雇主請求資遣費。

　　本法於104年2月4日修正公布時，增訂本條第2項之規定，此乃係將原規定於施行細則（僅具命令層次之效力）第8條之規定，提升至本法規定，使之具有法律層次之效力。而本法第78條罰則之規定，亦配合修訂，以更加落實對勞工資遣費權利之保護。

　　但請注意，勞工退休金條例於93年6月30日公布（並自公布後一年施行），其第12條第1項規定「勞工適用本條例之退休金制度者，適用本條例後之工作年資，於勞動契約依勞動基準法第十一條、第十三條但書、第十四條及第二十條或職業災害勞工保護法第二十三條、第二十四條規定終止時，其資遣費由雇主按其工作年資，每滿一年發給二分之一個月之平均工資，未滿一年者，以比例計給；最高以發給六個月平均工資為限，不適用勞動基準法第十七條之規定」，因此若非適用本法退休金規定（亦即適用該條例退休金制度）之勞工，自無本條資遣費規定之適用。

　　另因有些行業是於本法施行之後才陸續加入適用本法，因此於適用本法之前的年資是否合併計算？資遣費可否以本法之標準來做請求？因為多有爭議，故後來增訂第84條之2條文，以解決爭議，請另參考之。

（一）罰則

　　雇主若違反本條文之規定，即不按本條文規定之標準或期

限給付資遣費，則依本法第78條規定，應處新臺幣30萬元以上150萬元以下罰鍰，並限期令其給付，屆期未給付者，應按次處罰。

　　且依本法第80條之1第1項之規定，違反本法經主管機關處以罰鍰者，主管機關應公布其事業單位或事業主之名稱、負責人姓名，並限期令其改善；屆期未改善者，應按次處罰。

（二）一個月平均工資

　　行政院勞工委員會83年4月9日(83)台勞動二字第25564號函認為：

1. 由於勞動基準法暨施行細則對於「一個月平均工資」並無定義，該法第2條第4款雖有「平均工資」定義，惟係屬「日平均工資」之意，該法施行之初，前主管機關內政部曾於74年函釋：「一個月平均工資，係指日平均工資乘以三十所得之數額」。

2. 惟該函執行以來，迭有反映有欠合理，因計算事由發生之當日前六個月之總日數，由於大月小月不同，分別為181天至184天，而非180天，平均每月之日數應為30.17天至30.67天而非30天，故一律以30天計算，將使勞工應得之資遣費、退休金、職業災害補償費減少，故改以「日平均工資」乘以計算期間每月之平均日數為計算標準，等於以勞工退休前六個月工資總額直接除以6，較為簡易、準確及合理。

3. 新修正之一個月平均工資計算標準自83年4月11日起適用，原內政部74年12月21日(74)台內勞字第371678號釋示，同時停止援用。凡83年4月11日以後退休或資遣者，雇主應以新規定之月平均工資計算勞工之退休金或資遣費，惟在83年4

月10日以前退休或資遣者，仍依內政部74年12月21日(74)台
內勞字第371678號函之規定辦理。

二聖工業股份有限公司因業務緊縮而依法資遣了包括阿吉
在內的三十名勞工。而資遣時，阿吉在二聖公司已服務了十五
年六個月又十天，且是適用本法而非適用勞工退休金條例之勞
工。問阿吉可得到多少資遣費？

1. 服務滿十五年部分，可得十五個月平均工資的資遣費。
2. 服務六個月又十天部分，應以服務七個月計算，故可得十二
   分之七個月平均工資的資遣費。
3. 合計阿吉可得到十五又十二分之七個月平均工資的資遣費。

第17條之1

要派單位不得於派遣事業單位與派遣勞工簽訂勞動契約前，
有面試該派遣勞工或其他指定特定派遣勞工之行為。

要派單位違反前項規定，且已受領派遣勞工勞務者，派遣勞
工得於要派單位提供勞務之日起九十日內，以書面向要派單
位提出訂定勞動契約之意思表示。

要派單位應自前項派遣勞工意思表示到達之日起十日內，與
其協商訂定勞動契約。逾期未協商或協商不成立者，視為雙
方自期滿翌日成立勞動契約，並以派遣勞工於要派單位工作
期間之勞動條件為勞動契約內容。

派遣事業單位及要派單位不得因派遣勞工提出第二項意思表
示，而予以解僱、降調、減薪、損害其依法令、契約或習慣

上所應享有之權益，或其他不利之處分。

派遣事業單位及要派單位為前項行為之一者，無效。

派遣勞工因第二項及第三項規定與要派單位成立勞動契約者，其與派遣事業單位之勞動契約視為終止，且不負違反最低服務年限約定或返還訓練費用之責任。

前項派遣事業單位應依本法或勞工退休金條例規定之給付標準及期限，發給派遣勞工退休金或資遣費。

解說

　　本條文是於108年5月24日公布新增，這是因為以前之勞動派遣實務運作上，有所謂「人員轉掛」的方式，亦即要派單位於面試挑選所需要之合適求職者之後，為了避免勞動基準法所規定之各種義務，乃要求該求職者至派遣事業單位（人力派遣公司）就職，再派遣到要派單位工作上班。如此人員轉掛之方式，乃是在迂迴規避勞動基準法之規定，對勞工之保護不周，因此本條文予以明文禁止，並規定所衍生之權利義務關係。

　　而若違反本條文第1項、第4項或第7項之規定，依第78條規定，應處以罰鍰，也另有第80條之1規定之適用。

第18條（勞工不得請求預告期間工資及資遣費之情形）
有下列情形之一者，勞工不得向雇主請求加發預告期間工資及資遣費：
一、依第十二條或第十五條規定終止勞動契約者。
二、定期勞動契約期滿離職者。

解說

　　本條文係規定勞工因為不當行為而被終止契約（本法§12）、特定性定期契約期限超過三年，於屆滿三年後契約期滿前勞工主動終止契約（本法§15）及定期勞動契約期滿離職等三種情形，雇主都毋須給付預告期間工資及資遣費。但另有勞工自請辭職之情形（不論定期契約或不定期契約），亦應不可請求預告期間工資及資遣費（甚至退休金）。

　　本法施行細則第9條規定，依本法終止勞動契約時，雇主應即結清工資給付勞工，縱使勞工有本法第18條之情形而不得請求加發預告期間工資及資遣費，但終止契約前之工資，雇主仍應照發且應於終止契約時即結清工資給付勞工。

第19條（發給服務證書之義務）

勞動契約終止時，勞工如請求發給服務證明書，雇主或其代理人不得拒絕。

解說

　　勞動契約終止後，勞工為了另謀工作，可能需要服務證明書以證明自己的工作經驗及能力，但因此時勞動契約已終止，在勞資關係上係處於較緊張敏感的時刻，惟恐雇主或其代理人（人事單位）刁難不發給，所以有本條文的規定。

（一）服務證明書的內容：法無明文規定，而行政院勞工委員會83年4月18日(83)台勞資二字第25578號函認為其內容應以記載有關勞工在事業單位內所擔任之職務、工作性質、工作年資及工資為主。

（二）罰則：雇主若違反本條文之規定，則依本法第79條第3

項之規定，處新臺幣2萬元以上30萬元以下之罰鍰，而
且依本法第80條之1規定，應公布其事業單位或事業主
之名稱、負責人姓名，並限期令其改善；若屆期未改
善，則應按次處罰。

（三）非自願離職證明書：此與本條之離職證明書並不相同，
請另參考就業保險法之規定。

第20條（改組或轉讓時勞工留用或資遣之有關規定）
事業單位改組或轉讓時，除新舊雇主商定留用之勞工外，其
餘勞工應依第十六條規定期間預告終止契約，並應依第十七
條規定發給勞工資遣費，其留用勞工之工作年資，應由新雇
主繼續予以承認。

解說

（一）改組或轉讓

行政院勞工委員會78年8月2日(78)台勞資二字第17947號
函認為「事業單位改組或轉讓」，是指事業單位依公司法之規
定變更其組織型態，或其所有權（所有資產、設備）因移轉而
消滅其原有之法人人格；或獨資或合夥事業單位之負責人變更
而言，且若公司僅有董事長變更，其餘事項不變，則並非所謂
之「改組」。但此函認為合夥事業單位之負責人變更亦屬改組
或轉讓，實有疑問，因為合夥事業若僅有負責人變更，而合夥
人並未變更，則只是合夥事務執行人之解任更換而已，該合夥
事業應未變更。行政院勞工委員會77年6月23日(77)台勞資二
字第12992號函及79年6月19日(79)台勞資二字第13923號函則

認為公司名稱變更，其法人人格存續並不受影響，故無本條文之適用。再者，司法院第7期司法業務研究會曾討論「所謂事業單位改組是否包括公司組織之事業單位改組，抑僅指個人經營或合夥經營事業單位之改組？」，但未作結論，而司法院第一廳研究意見則認為所謂事業單位改組，如果事業單位為公司組織，則並不包括其機關內部改組之情形，必於公司變更組織或合併，僱用主體已生變更時，才屬於「事業單位改組」。

（二）勞工若不願留任，可終止契約，請求資遣費

內政部76年7月7日勞司字第14931號函認為事業單位改組或轉讓時，因涉及勞工提供勞務之對象改變，已非原勞動契約之履行，若勞工不願繼續留用，應有本法第14條第1項第6款之情事，勞工自可依本法第17條規定，向舊雇主請求發給資遣費。

最高法院93年度台上字第331號判決意旨，亦同此見解，而認為「未經新舊雇主商定留用」及「新舊雇主商定留用而不同意」之勞工，均得依本條文之規定請求資遣費。又最高法院95年度台上字第2217號判決意旨，則更進一步指出：「被上訴人既為存續公司，基於概括承受原則，應有義務將未來相關勞動條件之內容告知勞工或與勞工協商同意後簽訂新約，以穩固勞雇關係，使員工在公司合併時享有資訊取得權及資遣請求權。」

後來立法之企業併購法第16、17條，即有規定不同意留用勞工之相關事項，請另參考之。

（三）另請注意職業災害勞工保護法第28條規定

事業單位改組或轉讓後所留用之勞工，因職業災害致身心障礙、喪失部分或全部工作能力者，其依法令或勞動契約原有之權益，對新雇主繼續存在。

第三章

工 資

第21條（工資之議定暨基本工資）

工資由勞雇雙方議定之。但不得低於基本工資。

前項基本工資，由中央主管機關設基本工資審議委員會擬訂後，報請行政院核定之。

前項基本工資審議委員會之組織及其審議程序等事項，由中央主管機關另以辦法定之。

解說

　　工資乃是勞工賴以維持生活的基礎，為了維持最基本的生活條件，且避免雇主以「契約自由原則」為理由而使較弱勢之勞工不得不接受不足以維持生活的低薪工作，造成永久貧窮的狀態，因此就有必要以法律介入管制。本條文第1項之但書規定，係屬禁止規定，若勞資雙方仍約定低於基本工資之薪資，則依民法第71條規定，係屬無效之約定，此時仍應回歸本條文規定而以基本工資計薪。

　　本條文第2項及第3項規定，係於91年6月12日所修正公布，亦即將擬訂基本工資之單位，由原來之「中央主管機關」，改為「基本工資審議委員會」，較為公正客觀。

（一）罰則

雇主若違反本條文之規定，則依本法第79條第1項第1款之規定，處新臺幣2萬元以上100萬元以下之罰鍰（另依第4項之規定，主管機關尚可依事業規模、違反人數或違反情節，加重其罰鍰至150萬元），而且依本法第80條之1規定，應公布其事業單位或事業主之名稱、負責人姓名，並限期令其改善，若屆期未改善，則應按次處罰。

（二）施行細則

1. 基本工資定義

本法第21條所稱基本工資係指勞工在正常工作時間內所得之報酬。但延長工作時間之工資及休息日、休假日、例假日工作加給之工資均不計入（本法施§11）。

2. 計件之基本工資

採計件工資之勞工所得基本工資，以每日工作八小時之生產額或工作量換算之（本法施§12）。

3. 基本工資之比例計算

勞工工作時間每日少於八小時者，除工作規則、勞動契約另有約定或另有法令規定者外，其基本工資得按工作時間比例計算之（本法施§13）。

（三）近年來基本工資之調整情形

1. 自100年1月1日起，每月17,880元，每小時98元。
2. 自101年1月1日起，每月18,780元，每小時103元。
3. 自102年1月1日起，每小時109元。
4. 自102年4月1日起，每月19,047元。
5. 自103年1月1日起，每小時115元。

6. 自103年7月1日起，每月19,273元。

7. 自104年7月1日起，每月20,008元，每小時120元。

8. 自105年10月1日起，每小時126元。

9. 自106年1月1日起，每月21,009元，每小時133元。

10. 自107年1月1日起，每月22,000元，每小時140元。

11. 自108年1月1日起，每月23,100元，每小時150元。

12. 自109年1月1日起，每月23,800元，每小時158元。

13. 自110年1月1日起，每月24,000元，每小時160元。

第22條（工資之給付）

工資之給付，應以法定通用貨幣為之。但基於習慣或業務性質，得於勞動契約內訂明一部以實物給付之。工資之一部以實物給付時，其實物之作價應公平合理，並適合勞工及其家屬之需要。

工資應全額直接給付勞工。但法令另有規定或勞雇雙方另有約定者，不在此限。

解說

（一）第1項

　　本條文第1項規定工資原則上係以法定通用貨幣來給付（現今則為以新臺幣來給付），但若基於習慣或業務性質，得約定以實物（例如米、麵粉，但目前已幾乎未見此種約定）或外幣（例如調派至外國工作者）來給付。

（二）第2項

本條文第2項則規定原則上工資應全額直接給付與勞工，這是為了避免工資被任意扣減、扣押或由第三人層層剝削。但若法令另有規定或勞資雙方另有約定，則可例外地不用全額直接給付與勞工。例如雇主依所得稅法第88條有辦理扣繳之義務，所以雇主直接給付與勞工者便係扣繳稅款後的餘額，至於所扣繳之稅款則算係間接給付，其他例如代為扣繳勞保、健保之保費，也是相類之情形。又如法院依強制執行法第115條之1的規定，命令雇主就某位勞工之薪水在若干元的範圍內不得發放給該勞工，而應改由債權人（第三人）來收取，則雇主自只能將其餘部分的薪水給付與該勞工。而所謂「直接給付」，以前只有當面領取一途，但現今給付工資的方式大都是以銀行轉帳為之，亦應認為是「直接給付」才是。

（三）罰則

雇主若違反本條文之規定，則依本法第79條第1項第1款之規定，處新臺幣2萬元以上100萬元以下之罰鍰（另依第4項之規定，主管機關尚可依事業規模、違反人數或違反情節，加重其罰鍰至150萬元），而且依本法第80條之1規定，應公布其事業單位或事業主之名稱、負責人姓名，並限期令其改善，若屆期未改善，則應按次處罰。

（四）雇主可否以其對於勞工之債權，而主張抵銷？

民法第334條前段規定「二人互負債務，而其給付種類相同，並均屆清償期者，各得以其債務，與他方之債務，互為抵銷」，而此應屬本條文所示「但法令另有規定」之情形，因此雇主若對於勞工有債權（例如：借款、損害賠償），應可依民

法第334條規定主張自工資中抵銷，只就餘額部分給付勞工。但因工資是勞工賴以維生的基礎，因此不宜將整月份的工資全部抵銷，最好與勞工協商每月扣還之金額，免生糾紛。

　　尤其在勞工應負損害賠償責任之情形，因為責任之有無、比例之多寡及金額之高低等事項，可能尚有爭議，故更須由勞資協商確定，才可以扣抵，否則雇主若片面直接予以扣抵，恐有違反本條文或第26條之嫌！

　　主管機關之前身即行政院勞工委員會，於89年7月28日台(89)勞動二字第0031343號函，曾表示「依勞動基準法第22條規定，工資應全額直接給付勞工。同法第26條規定，雇主不得預扣勞工工資作為違約金或賠償費用。所稱『預扣勞工工資』，係指在違約、賠償等事實未發生或其事實已發生，但責任歸屬、範圍大小、金額多寡等未確定前，雇主預先扣發勞工工資作為違約金或賠償費用」之見解，可供參考。

第22條之1

派遣事業單位積欠派遣勞工工資，經主管機關處罰或依第二十七條規定限期令其給付而屆期未給付者，派遣勞工得請求要派單位給付。要派單位應自派遣勞工請求之日起三十日內給付之。

要派單位依前項規定給付者，得向派遣事業單位求償或扣抵要派契約之應付費用。

解說

　　本條文是於108年4月26日所新增公布。

新白話六法
勞動基準法

　　就契約的權利義務關係而言，勞動契約是存在於派遣事業單位與派遣勞工之間，亦即要派單位（需要用人之單位）與派遣勞工之間並沒有契約關係，則要派單位並無直接對派遣勞工給付工資之義務。但因為工資乃是勞工賴以維生的基礎，且派遣勞工事實上乃是對要派單位提供勞務，要派單位有領受到勞務之利益，因此在派遣事業單位萬一無法支付工資時，先令要派單位墊付給勞工，再向派遣事業單位求償，或由要派契約中的應付費用中扣抵，實不為過。尤其就「派遣單位失去支付能力」的風險而言，要派單位顯然比派遣勞工更能承受風險，故本條文規定係為了保護勞工，而由要派單位承擔派遣事業單位財務不佳所產生的風險。

第23條（工資給付之時間或次數）
工資之給付，除當事人有特別約定或按月預付者外，每月至少定期發給二次，並應提供工資各項目計算方式明細；按件計酬者亦同。
雇主應置備勞工工資清冊，將發放工資、工資各項目計算方式明細、工資總額等事項記入。工資清冊應保存五年。

解說

（一）本條文第1項係規定工資原則上每月至少要定期發放二次，除非勞資雙方有特別之約定（例如每月月底發薪，或每日發薪）或雇主是採「按月預付工資」的方式。而按件、按日計酬之勞工領取工資的時間及次數，亦有本條文之適用。又本法施行細則第7條第3款規定，勞動契

約應約定「工資之議定、調整、計算、結算與給付之日
期及方法」。事實上，此是勞工於求職時最在意的勞動
條件，理應會約定，但為避免爭議，宜以書面方式約定
清楚。

（二）本條文第2項係課予雇主應置備勞工工資清冊並保存五
年之義務，此與第7條所規定之「應保管至勞工離職後
五年」不同。至於為何是五年？此乃是因為工資的請
求權時效期間為五年（民§126），故若勞工雖於五年內請
求補發工資差額，但卻已無證據資料留存，則此請求權
及時效期間制度將變成無法落實，故才規定應保存五
年。

（三）本條文曾於105年12月21日修正公布，增加課予雇主應
提供工資各項目計算方式明細，並應將此明細記入工資
清冊之義務。因為經由詳列各給付項目及其計算方式
（例如：加班費、假日加班工資、特別休假應休未休而
補發之工資……等），可使勞資雙方明確核對，也可避
免勞方因資訊不足而致少領工資。另外，將此明細資料
記入工資清冊並保存五年，亦可作為日後發生請求補發
工資爭議時之重要證據資料，而有助於判斷是否應補發
工資。

（四）另請特別注意，萬一勞資爭議發展至訴訟階段，依勞動
事件法第35條規定，雇主有提出上開文書之義務，若無
正當理由而不提出，可能會依該法第36條規定，處以3
萬元以下罰鍰，且法院可以認為勞工依上開文書所主張
之事實為真實，亦即做出有利於勞工的認定，因此雇主
不要誤以為只要拒不提供上開文書，就會使勞工敗訴。

（五）又因勞動事件法第37條規定「勞工與雇主間關於工資之爭執，經證明勞工本於勞動關係自雇主所受領之給付，推定為勞工因工作而獲得之報酬」，因此各給付項目（尤其是非工資部分）務必以書面約定並記載清楚，否則被「推定認為」屬於工資範圍的可能性很高。

（六）施行細則：本法第23條所定工資各項目計算方式明細，應包括下列事項：1.勞雇雙方議定之工資總額。2.工資各項目之給付金額。3.依法令規定或勞雇雙方約定，得扣除項目之金額。4.實際發給之金額。雇主提供之前項明細，得以紙本、電子資料傳輸方式或其他勞工可隨時取得及得列印之資料為之（本法施§14-1）。

（七）罰則：雇主若違反本條文之規定，則依本法第79條第1項第1款之規定，處新臺幣2萬元以上100萬元以下之罰鍰（另依第4項之規定，主管機關尚可依事業規模、違反人數或違反情節，加重其罰鍰至150萬元），而且依本法第80條之1規定，應公布其事業單位或事業主之名稱、負責人姓名，並限期令其改善，若屆期未改善，則應按次處罰。

第24條（延長工作時間工資加給之計算方法）
雇主延長勞工工作時間者，其延長工作時間之工資，依下列標準加給：
一、延長工作時間在二小時以內者，按平日每小時工資額加給三分之一以上。
二、再延長工作時間在二小時以內者，按平日每小時工資額加給三分之二以上。

三、依第三十二條第四項規定，延長工作時間者，按平日每
　　小時工資額加倍發給。
雇主使勞工於第三十六條所定休息日工作，工作時間在二小
時以內者，其工資按平日每小時工資額另再加給一又三分之
一以上；工作二小時後再繼續工作者，按平日每小時工資額
另再加給一又三分之二以上。

解說

　　本條文雖未出現「加班就應給付延長工作時間之工資」的
語句，但既已進一步規定給付之標準，則應認本條文是屬於強
制規定，故若勞資約定毋須給付加班費，或約定較低之給付標
準，則依民法第71條規定，該約定無效，而仍應依本條文之標
準給付加班費。

　　本條文在立法沿革上，曾出現很大之爭議，因為本條文
於105年12月21日修正公布時，增訂了第2、3項，規範在休息
日出勤工作時之工資給付標準及工作時間之計算方式。但因第
3項之規定，就休息日之工作時間及工資之計算，採取之計算
方式是，四小時以內者，以四小時計，逾四小時至八小時以內
者，以八小時計，逾八小時至十二小時以內者，以十二小時
計，在適用上引發比例上不相當之爭議，因此於107年1月31日
修正公布時，將第3項刪除。亦即，於休息日工作，其加班工
資就依工作時間核實計給。但於休息日工作，縱使只有幾個小
時，對勞工之健康、休閒及家庭生活而言，影響程度較平日加
班為大，故其給付標準是否應再提高，仍有爭議。

（一）罰則

雇主若違反本條文之規定，則依本法第79條第1項第1款之規定，處新臺幣2萬元以上100萬元以下之罰鍰（另依第4項之規定，主管機關尚可依事業規模、違反人數或違反情節，加重其罰鍰至150萬元），而且依本法第80條之1規定，應公布其事業單位或事業主之名稱、負責人姓名，並限期令其改善，若屆期未改善，則應按次處罰。

（二）可否約定為責任制而毋須給付加班費？

資方總是會擔心勞工在正常工作時間內不全力工作，然後要求加班處理工作以賺取加班費，如此實不利於經營成本之控管，因此會向勞工言明是採「責任制」，亦即勞工必須負責將工作處理完畢才能下班，若逾正常工時則不得請求加班費，因此有所謂「上班打卡制，下班責任制」的說法。

但所謂的責任制，必須是符合本法第84條之1規定之例外情形，才可另行約定工作時間及加班費，而事實上，絕大部分的工作者都無此例外規定之適用。因此上述關於「責任制、不付加班費」之約定，因違反本條文之強制規定，故屬無效之約定，亦即仍應給付加班費。

（三）可否約定以補休方式代替加班費？

就部分勞工之立場，為了健康或家庭等因素，希望是以補休取代領取加班費，故後來於107年1月31日增訂第32條之1條文而明文准許，請參考本書對該條文之介紹。

（四）是否真的在加班？給付是否足額？

於勞動檢查的實務上，常因雇主未給付加班費，或未給付足額的加班費，而遭處罰。前者的爭議，常是因為主管機關是

依據出勤紀錄（本法§30）而計算工作時間，若逾每日八小時部分，即認為屬於加班而應給付加班費。但雇主則是抗辯設有申請加班之制度，而勞工既未申請加班，可見之所以早一點到班或晚一點下班，不是在加班，而只是勞工個人因素所致（例如：為配合接送小孩或爸媽的時間、為避開交通擁擠時段）。為避免此類爭議，建議雇主務必落實出勤（打卡）紀錄之真實性管理，例如於表定工作時間以外停留在工作場所的勞工，應填載早到或晚退之原因說明，以釐清是否在加班或只是個人因素。

至於後者（未足額給付加班費）之情形，其爭議則是某個給付項目之性質是否屬於工資而應併入加班費計算，此部分則請參考本書對於第2條其中「工資」部分之介紹。

第25條（性別歧視之禁止）
雇主對勞工不得因性別而有差別之待遇。工作相同、效率相同者，給付同等之工資。

解說

工資之多寡，應是就勞工提供勞務之內容而作衡量評價，同工即應同酬，不應將性別或性傾向作為差別待遇之理由。

雇主若違反本條文之規定，則依本法第79條第1項第1款之規定，處新臺幣2萬元以上100萬元以下之罰鍰（另依第4項之規定，主管機關尚可依事業規模、違反人數或違反情節，加重其罰鍰至150萬元），而且依本法第80條之1規定，應公布其事業單位或事業主之名稱、負責人姓名，並限期令其改善，若屆

期未改善，則應按次處罰。

而本條文係針對受僱後之勞工保障待遇及工資之平等，至於就業機會平等之保障，則有就業服務法第4條「國民具有工作能力者，接受就業服務一律平等」及第5條「為保障國民就業機會平等，雇主對求職人或所僱用員工，不得以種族、階級、語言、思想、宗教、黨派、籍貫、出生地、性別、性傾向、年齡、婚姻、容貌、五官、身心障礙或以往工會會員身分為由，予以歧視」等規定。又請參考性別工作平等法之相關詳細規定。

第26條（預扣工資之禁止）
雇主不得預扣勞工工資作為違約金或賠償費用。

解說

本條文與第22條第2項「工資應全額直接給付勞工」的規定相呼應。勞工於違反勞動契約或做出侵權行為而對雇主造成損害時，雖然應賠償雇主，但於勞工尚未違約或侵權時，雇主就惟恐以後求償無門而預扣工資充作「賠償準備金」，係屬不合理的舉動，且有巧立名目不給付工資之嫌，故應予禁止。

（一）罰則

違反本條文之規定，依本法第78條第2項之規定，處以新臺幣9萬元以上45萬元以下之罰鍰。另依本法第80條之1第1項之規定，違反本法經主管機關處以罰鍰者，主管機關應公布其事業單位或事業主之名稱、負責人姓名，並限期令其改善；屆期未改善者，應按次處罰。

（二）抵銷與預扣

民法第334條前段規定：「二人互負債務，而其給付種類相同，並均屆清償期者，各得以其債務，與他方之債務，互相抵銷」，所以如果勞工已構成違約或做出侵權行為，則對雇主自負有給付違約金及賠償費用之債務，倘若雙方就其金額達成協議或經法院判決確定，此時雇主行使民法第334條之抵銷權而從勞工的工資中一次或分期扣除違約金或賠償費用，與預扣工資的情形不同，而屬合法。但此時雇主仍宜保留勞工該月的生活費用而儘量避免扣光當月之工資。此部分請見本書關於第22條條文之說明。

第27條（工資之限期命令給付）
雇主不按期給付工資者，主管機關得限期令其給付。

解說

本條文係規定主管機關得介入勞資之間而命令雇主應於一定期限內給付工資，若雇主違反主管機關限期給付工資之命令，依本法第79條第1項第2款之規定，處新臺幣2萬元以上100萬元以下之罰鍰（另依第4項之規定，主管機關尚可依事業規模、違反人數或違反情節，加重其罰鍰至150萬元），而且依本法第80條之1規定，應公布其事業單位或事業主之名稱、負責人姓名，並限期令其改善，若屆期未改善，則應按次處罰。而勞工也可依本法第14條第1項第5款之規定，不經預告而終止勞動契約，並向雇主請求資遣費。

第28條（工資優先受償權及工資墊償基金）

雇主有歇業、清算或宣告破產之情事時，勞工之下列債權受償順序與第一順位抵押權、質權或留置權所擔保之債權相同，按其債權比例受清償；未獲清償部分，有最優先受清償之權：

一、本於勞動契約所積欠之工資未滿六個月部分。

二、雇主未依本法給付之退休金。

三、雇主未依本法或勞工退休金條例給付之資遣費。

雇主應按其當月僱用勞工投保薪資總額及規定之費率，繳納一定數額之積欠工資墊償基金，作為墊償下列各款之用：

一、前項第一款積欠之工資數額。

二、前項第二款與第三款積欠之退休金及資遣費，其合計數額以六個月平均工資為限。

積欠工資墊償基金，累積至一定金額後，應降低費率或暫停收繳。

第二項費率，由中央主管機關於萬分之十五範圍內擬訂，報請行政院核定之。

雇主積欠之工資、退休金及資遣費，經勞工請求未獲清償者，由積欠工資墊償基金依第二項規定墊償之；雇主應於規定期限內，將墊款償還積欠工資墊償基金。

積欠工資墊償基金，由中央主管機關設管理委員會管理之。基金之收繳有關業務，得由中央主管機關，委託勞工保險機構辦理之。基金墊償程序、收繳與管理辦法、第三項之一定金額及管理委員會組織規程，由中央主管機關定之。

解說

（一）最優先受償之債權範圍

1. 以前舊法規定只限於積欠工資未滿六個月部分而已，104年2月4日公布（自公布後八個月施行）的修正條文，則將其範圍擴大到未給付之退休金及資遣費，更加保護勞工之債權。

2. 施行細則第15條則規定：本法第28條第1項第1款所定積欠之工資，以雇主於歇業、清算或宣告破產前六個月內所積欠者為限。

（二）優先受償權之順序

　　依以前舊法之規定，工資最優先受償權之順序係在有擔保之優先債權（例如：抵押權、質權）之後，僅優先於無擔保之普通債權而已。故若有擔保之優先債權人對雇主行使權利之結果，已無剩餘其他財產，則勞工之債權縱有最優先受償之效力，於實際上無法受償，對勞工之保障實有不周。因此於104年2月4日修正公布本條文時，將優先受償權之順序效力提高至與有擔保之債權相同，以增加受償之可能性。

（三）提繳工資墊償基金之費率

　　原舊法係規定於萬分之十的範圍內提繳，104年2月4日修正本條文，因為擴大最優先受償之債權範圍，日後可能須支付之金額亦隨之增加，故提高為萬分之十五的範圍內提繳。

（四）罰則

　　雇主若違反本條文第2項之規定，亦即未按月繳納基金，則依本法第79條第3項之規定，處新臺幣2萬元以上30萬元以下之罰鍰（另依第4項之規定，主管機關尚可依事業規模、違反人數或違反情節，加重其罰鍰至45萬元），而且依本法第80條

之1規定，應公布其事業單位或事業主之名稱、負責人姓名，並限期令其改善，若屆期未改善，則應按次處罰。

（五）施行細則（新舊法之適用問題）

本法第28條第2項於104年2月6日修正生效前，雇主有清算或宣告破產之情事，於修正生效後，尚未清算完結或破產終結者，勞工對於該雇主所積欠之退休金及資遣費，得於同條第2項第2款規定之數額內，依同條第5項規定申請墊償（本法施§50-4）。

第29條（優秀勞工之獎金及紅利）
事業單位於營業年度終了結算，如有盈餘，除繳納稅捐、彌補虧損及提列股息、公積金外，對於全年工作並無過失之勞工，應給予獎金或分配紅利。

解說

事業單位若有盈餘淨利，勞工之努力自屬功不可沒，因此由事業單位給予獎金，實屬合理，且事實上各事業單位也設有各種獎金制度。但實務上認為本條文之獎金，並非「年終獎金」（請參照最高法院100年度台上字第801號民事判決）。

本條文雖規定「應給予獎金或分配紅利」，但若違反，並沒有罰則，因此無法藉由行政之處罰以促使雇主履行本規定。且除非事業單位之工作規則、勞動契約或團體協約有具體比例、金額之規定，否則縱使勞工以本條文作為請求權依據而提起民事訴訟，亦將面臨如何決定合理金額之難題。亦即，本條文雖有美意，但仍需另有具體之規定，才能落實。

第四章
工作時間、休息、休假

第30條（每日暨每週工作時數）

勞工正常工作時間，每日不得超過八小時，每週不得超過四十小時。

前項正常工作時間，雇主經工會同意，如事業單位無工會者，經勞資會議同意後，得將其二週內二日之正常工作時數，分配於其他工作日。其分配於其他工作日之時數，每日不得超過二小時。但每週工作總時數不得超過四十八小時。

第一項正常工作時間，雇主經工會同意，如事業單位無工會者，經勞資會議同意後，得將八週內之正常工作時數加以分配。但每日正常工作時間不得超過八小時，每週工作總時數不得超過四十八小時。

前二項規定，僅適用於經中央主管機關指定之行業。

雇主應置備勞工出勤紀錄，並保存五年。

前項出勤紀錄，應逐日記載勞工出勤情形至分鐘為止。勞工向雇主申請其出勤紀錄副本或影本時，雇主不得拒絕。

雇主不得以第一項正常工作時間之修正，作為減少勞工工資之事由。

第一項至第三項及第三十條之一之正常工作時間，雇主得視勞工照顧家庭成員需要，允許勞工於不變更每日正常工作時數下，在一小時範圍內，彈性調整工作開始及終止之時間。

解說

工作時間的長短，攸關雇主的經營型態（各行各業對於工作時間的需求不同）和成本（是否須另行支付加班費）、勞工的身體健康及生活品質，因此如何尋求平衡點，一直是爭論不休之難題，此可由立法沿革得知：本條文一開始是規定每週工作時數不得超過四十八小時，但為因應社會之變遷及各行業之需要，先於85年12月27日增訂公布第30條之1及第84條之1等條文，嗣於87年5月13日又修正公布第30條之1條文，再於89年6月28日修正公布第30條規定為每週工作總時數不得超過四十四小時，每二週工作總時數不得超過八十四小時。直到104年6月3日才又修正公布第30條，規定每週工作時數不得超過四十小時，而成為全面週休二日之工作型態。

至於第3項所規定之經指定之行業，究係包括哪些行業，可至勞動部網站查詢，即可明瞭。

又關於出勤紀錄，因攸關加班費之請求，故於104年6月3日修正為應保存五年（原規定一年，為配合民法第126條規定之請求權時效期間，故修正為五年），且應逐日記載出勤情形至分鐘為止（此原係施行細則第21條之規定，後來提升法律層次之效力而至本法中規定）。再者，為使勞工明確計算並作為請求工資（尤其加班費）之依據，故增訂勞工得申請發給出勤紀錄之副本或影本，雇主不得拒絕。

又關於工作時間之彈性，不僅雇主有需要，就連勞工為了照顧家庭，亦有其需要，故104年6月3日修正時增訂第8項之規定，得在每日一小時之範圍內彈性調整上下班時間。

（一）施行細則

1. 工作時間計算法(1)

本法第30條所稱正常工作時間跨越二曆日者，其工作時間應合併計算（本法施§17）。

2. 工作時間計算法(2)

勞工因出差或其他原因於事業場所外從事工作致不易計算工作時間者，以平時之工作時間為其工作時間。但其實際工作時間經證明者，不在此限（本法施§18）。

3. 工作時間計算法(3)

勞工於同一事業單位或同一雇主所屬不同事業場所工作時，應將在各該場所之工作時間合併計算，並加計往來於事業場所間所必要之交通時間（本法施§19）。

4. 公告

雇主有下列情形之一者，應即公告周知：

(1) 依本法第30條第2項、第3項或第30條之1第1項第1款規定變更勞工正常工作時間。

(2) 依本法第30條之1第1項第2款或第32條第1項、第2項、第4項規定延長勞工工作時間。

(3) 依本法第34條第2項但書規定變更勞工更換班次時之休息時間。

(4) 依本法第36條第2項或第4項規定調整勞工例假或休息日。

（本法施§20）

5. 延長工作時間之定義

本法所定雇主延長勞工工作之時間如下：

(1) 每日工作時間超過八小時或每週工作總時數超過四十小時之部分。但依本法第30條第2項、第3項或第30條之1第1項

第1款變更工作時間者，為超過變更後工作時間之部分。

(2) 勞工於本法第36條所定休息日工作之時間。（本法施§20-1）

6. 出勤紀錄之型態及提出

本法所定僱主延長勞工工作之時間如下：

(1) 每日工作時間超過八小時或每週工作總時數超過四十小時之部分。但依本法第30條第2項、第3項或第30條之1第1項第1款變更工作時間者，為超過變更後工作時間之部分。

(2) 勞工於本法第36條所定休息日工作之時間。（本法施§21）

（二）罰則

若違反本條文第1、2、3、6、7項等之規定，則依本法第79條第1項第1款規定，處新臺幣2萬元以上100萬元以下之罰鍰。而若係違反本條文第5項之規定，則依本法第79條第2項規定，處新臺幣9萬元以上45萬元以下之罰鍰（以上罰鍰均得視情節而加重至二分之一）。又依本法第80條之1第1項規定，違反本法經主管機關處以罰鍰者，主管機關應公布其事業單位或事業主之名稱、負責人姓名，並限期令其改善；屆期未改善者，應按次處罰。

（三）工作時間之認定

勞工待在工作場所內的時間，是否全計入工作時間？反之，在工作場所外的時間，是否就不計入工作時間？事實上並非以工作場所作為認定之標準，而是以「是否受到指揮監督」作為認定標準。

以司機駕駛為例，並不以上路駕駛之時間為限，尚包括依法令及公司規定，於行車前後所進行之酒測、車輛檢查、保

養及清潔等行為之時間。至於兩趟次之間的時間，若可自由活動，即未受到指揮監督，便不計入工作時間。但若依規定仍須停留在特定區域內，以備不時之需，則縱使是在睡覺或滑手機，但因是處於受指揮監督的狀態，故屬於工作時間（請參照最高法院109年度台上字第1398號民事判決）。

（四）出勤紀錄的上下班時間是否就是工作時間？

雇主可能會抗辯勞工是因接送家人或避開交通尖峰時間，才會早到或晚退，並不是在加班工作。但依勞動事件法第38條規定「出勤紀錄內記載之勞工出勤時間，推定勞工於該時間內經雇主同意而執行職務」，故除非雇主可以提出證據證明（例如請勞工據實填寫早到或晚退之說明單），否則就會被認為是工作時間，而應給付加班費，甚至遭到處罰。

（五）在工作場所外之工作時間

隨著電腦及手機科技之發展，勞工在工作場所外也可提供勞務，而雇主也可以隨時對在外之勞工指揮監督，打破了地點及時間上之限制，因此如何「證明」是在工作，便成了新興的課題。

例如雇主於晚上8時以電子郵件或通訊軟體，請勞工準備文件資料，以供明天早上開會或拜訪客戶之用，而勞工亦著手準備而完成雇主交待之工作。則此情形與傳統在工作場所內加班，實屬相同，故應允許勞工於翌日申報為加班而計付加班費。

勞動部就此新興之工作型態，為避免勞資產生爭議，而訂定「勞工在事業場所外工作時間指導原則」、「居家照顧服務員轉場工時紀錄指導原則」等指導原則，可至勞動部網站瀏覽

參考。

（六）性別工作平等法

該法對於親自哺（集）乳之女性勞工，以及為撫育未滿3歲子女之勞工，有特別之規定，請自行參考。

第30條之1（工作時間變更原則）

中央主管機關指定之行業，雇主經工會同意，如事業單位無工會者，經勞資會議同意後，其工作時間得依下列原則變更：

一、四週內正常工作時數分配於其他工作日之時數，每日不得超過二小時，不受前條第二項至第四項規定之限制。

二、當日正常工作時間達十小時者，其延長之工作時間不得超過二小時。

三、女性勞工，除妊娠或哺乳期間者外，於夜間工作，不受第四十九條第一項之限制。但雇主應提供必要之安全衛生設施。

依中華民國八十五年十二月二十七日修正施行前第三條規定適用本法之行業，除第一項第一款之農、林、漁、牧業外，均不適用前項規定。

解說

本條文係85年12月27日增訂公布，增訂之理由乃是因為雖然第30條第2、3項已有二週及八週彈性（變形）工時之制度，但因部分行業（必須是經中央主管機關指定之行業）之特殊需

求，因此又設本條文所示之四週彈性（變形）工時制度，並放寬對於女性勞工於夜間工作之限制。

後來又於105年12月21日修正公布，主要內容則是將原第1項第3款規定之「二週內至少有二日之休息，作為例假，不受第36條之限制」，予以刪除，將此移到第36條第2項第3款予以規範。若事業單位真有變更勞工正常工作時間或延長勞工工作時間，則依本法施行細則第20條第1、2款之規定，應即公告周知。

第31條（坑道或隧道內工作時間之計算）
在坑道或隧道內工作之勞工，以入坑口時起至出坑口時止為工作時間。

解說

本條文係規定在坑道或隧道內工作之勞工，其工作時間之計算方式。而若於坑口外亦有受指揮監督之情形，自與一般勞工相同，而應計入工作時間。

第32條（雇主延長工作時間之限制及程序）
雇主有使勞工在正常工作時間以外工作之必要者，雇主經工會同意，如事業單位無工會者，經勞資會議同意後，得將工作時間延長之。
前項雇主延長勞工之工作時間連同正常工作時間，一日不得超過十二小時；延長之工作時間，一個月不得超過四十六小

時，但雇主經工會同意，如事業單位無工會者，經勞資會議同意後，延長之工作時間，一個月不得超過五十四小時，每三個月不得超過一百三十八小時。

雇主僱用勞工人數在三十人以上，依前項但書規定延長勞工工作時間者，應報當地主管機關備查。

因天災、事變或突發事件，雇主有使勞工在正常工作時間以外工作之必要者，得將工作時間延長之。但應於延長開始後二十四小時內通知工會；無工會組織者，應報當地主管機關備查。延長之工作時間，雇主應於事後補給勞工以適當之休息。

在坑內工作之勞工，其工作時間不得延長。但以監視為主之工作，或有前項所定之情形者，不在此限。

解說

（一）原條文有四項之規定，於107年1月31日修正公布時，是將原來第2項規定增加了但書之例外規定，並增加第3項規定之配套措施。至於原條文的第3、4項規定，則遞延為第4、5項之規定，內容則未修正。

（二）原條文第2項係規定延長之工作時間，一個月不得超過四十六小時，但因企業爭取放寬限制，勞工又擔心一旦放寬限制將造成過勞，因此就採取目前「在限制條件下放寬」之折衷方式。亦即雖可放寬，但必須符合「經工會同意，如事業單位無工會者，經勞資會議同意」之條件，且在時數上仍受到「一個月不得超過五十四小時，每三個月不得超過一百三十八小時」之限制。再者，另必須踐行「報當地主管機關備查」之程序，雖備查之程

序只是使主管機關知悉，而毋須得到核定（至於備查與核定之不同，請另見地方制度法第2條之規定），但希望藉由此程序使當地主管機關於知悉後，得依具體狀況判斷是否進行勞動檢查，以避免勞工過勞之狀況。

（三）本法施行細則第20條第2款：雇主有下列情形之一者，應即公告周知：……2.依本法第30條之1第1項第2款或第32條第1項、第2項、第4項規定延長勞工工作時間。

（四）本法施行細則第22條：

本法第32條第2項但書所定每三個月，以每連續三個月為一週期，依曆計算，以勞雇雙方約定之起迄日期認定之。

本法第32條第5項但書所定坑內監視為主之工作範圍如下：1.從事排水機之監視工作。2.從事壓風機或冷卻設備之監視工作。3.從事安全警報裝置之監視工作。4.從事生產或營建施工之記錄及監視工作。

（五）本法施行細則第22條之1：

本法第32條第3項、第34條第3項及第36條第5項所定雇主僱用勞工人數，以同一雇主僱用適用本法之勞工人數計算，包括分支機構之僱用人數。

本法第32條第3項、第34條第3項及第36條第5項所定當地主管機關，為雇主之主事務所、主營業所或公務所所在地之直轄市政府或縣（市）政府。

本法第32條第3項、第34條第3項及第36條第5項所定應報備查，雇主至遲應於開始實施延長工作時間、變更休息時間或調整例假之前一日為之。但因天災、事變或突發事件不及報備查者，應於原因消滅後二十四小時內敘

明理由為之。

（六）勞資會議之組成及程序：請另參考依本法第83條所授權
制定之勞資會議實施辦法。

（七）罰則：雇主若違反本條文之規定，則依本法第79條第1
項第1款之規定，處新臺幣2萬元以上100萬元以下之罰
鍰（另依第4項之規定，主管機關尚可依事業規模、違
反人數或違反情節，加重其罰鍰至150萬元），而且依
本法第80條之1規定，應公布其事業單位或事業主之名
稱、負責人姓名，並限期令其改善，若屆期未改善，則
應按次處罰。

第32條之1（勞工於延長工時後，有選擇領取薪資或補休之權利）
雇主依第三十二條第一項及第二項規定使勞工延長工作時
間，或使勞工於第三十六條所定休息日工作後，依勞工意願
選擇補休並經雇主同意者，應依勞工工作之時數計算補休時
數。
前項之補休，其補休期限由勞雇雙方協商；補休期限屆期或
契約終止未補休之時數，應依延長工作時間或休息日工作
當日之工資計算標準發給工資；未發給工資者，依違反第
二十四條規定論處。

解說

（一）本條文於107年1月31日修正公布時所增訂，但事實上，
是將以前主管機關「得不請領加班費而選擇補休」之見
解，予以明文化，並作詳細之規定。至於加班費之給付

標準及違反者該如何論處，則請見本書關於第24條之說明。

（二）本法施行細則第22條之2：

本法第32條之1所定補休，應依勞工延長工作時間或休息日工作事實發生時間先後順序補休。補休之期限逾依第24條第2項所約定年度之末日者，以該日為期限之末日。

前項補休期限屆期或契約終止時，發給工資之期限如下：1.補休期限屆期：於契約約定之工資給付日發給或於補休期限屆期後三十日內發給。2.契約終止：依第9條規定發給。勞工依本法第32條之1主張權利時，雇主如認為其權利不存在，應負舉證責任。

第33條（主管機關命令延長工作時間之限制及程序）
第三條所列事業，除製造業及礦業外，因公眾之生活便利或其他特殊原因，有調整第三十條、第三十二條所定之正常工作時間及延長工作時間之必要者，得由當地主管機關會商目的事業主管機關及工會，就必要之限度內以命令調整之。

解說

本條文係對於與公眾生活便利有關或其他有特殊原因之勞工（但製造業及礦業除外），其作息時間得由當地主管機關會商目的事業主管機關及工會，另以命令作適當之安排，以資因應特殊情況。另因須有工會之參與，故應可兼顧勞工之健康及相關權利。

第34條（輪班制之更換班次）

勞工工作採輪班制者，其工作班次，每週更換一次。但經勞工同意者不在此限。

依前項更換班次時，至少應有連續十一小時之休息時間。但因工作特性或特殊原因，經中央目的事業主管機關商請中央主管機關公告者，得變更休息時間不少於連續八小時。

雇主依前項但書規定變更休息時間者，應經工會同意，如事業單位無工會者，經勞資會議同意後，始得為之。雇主僱用勞工人數在三十人以上者，應報當地主管機關備查。

解說

（一）本條文第2項規定，原係規定「應給予適當之休息時間」，但因不明確，所以於105年12月21日修正公布為具體的「至少應有連續十一小時之休息時間」。但因又有適用上較無彈性之爭議，因此於107年1月31日修正公布時，增加但書之例外規定，並增加第3項規定之限制及配套措施。

（二）關於第2項但書規定之特殊工作者及其適用期間，請自行上勞動部網站查閱，並注意後續之變更。

（三）107年1月31日之修正，雖有彈性上之放寬，但仍有重重之限制，亦即必須符合「主管機關公告適用之工作者」，且須經「工會或勞資會議同意」，又須報當地主管機關備查，且縱使變更休息時間，也不得少於連續八小時。因此，若不是在主管機關公告適用之範圍，則縱使經工會或勞資會議同意，也不能變更連續十一小時之休息時間。

（四）本法施行細則第20條：

雇主有下列情形之一者，應即公告周知：1.依本法第30條第2項、第3項或第30條之1第1項第1款規定變更勞工正常工作時間。2.依本法第30條之1第1項第2款或第32條第1項、第2項、第4項規定延長勞工工作時間。3.依本法第34條第2項但書規定變更勞工更換班次時之休息時間。4.依本法第36條第2項或第4項規定調整勞工例假或休息日。

（五）本法施行細則第22條之1：

本法第32條第3項、第34條第3項及第36條第5項所定雇主僱用勞工人數，以同一雇主僱用適用本法之勞工人數計算，包括分支機構之僱用人數。

本法第32條第3項、第34條第3項及第36條第5項所定當地主管機關，為雇主之主事務所、主營業所或公務所所在地之直轄市政府或縣（市）政府。

本法第32條第3項、第34條第3項及第36條第5項所定應報備查，雇主至遲應於開始實施延長工作時間、變更休息時間或調整例假之前一日為之。但因天災、事變或突發事件不及報備查者，應於原因消滅後二十四小時內敘明理由為之。

（六）罰則：雇主若違反本條文之規定，則依本法第79條第1項第1款之規定，處新臺幣2萬元以上100萬元以下之罰鍰（另依第4項之規定，主管機關尚可依事業規模、違反人數或違反情節，加重其罰鍰至150萬元），而且依本法第80條之1規定，應公布其事業單位或事業主之名稱、負責人姓名，並限期令其改善，若屆期未改善，則應按次處罰。

第35條（休息時間）
勞工繼續工作四小時，至少應有三十分鐘之休息。但實行輪班制或其工作有連續性或緊急性者，雇主得在工作時間內另行調配其休息時間。

解說

　　本條文係限制勞工連續工作的時數並保障勞工最少的休息時間，以維健康。而所謂之休息時間，是指完全不受雇主指揮監督、可以自主決定的狀態，若仍處於受到指揮監督之拘束狀態，縱使是在枯坐、小睡，仍屬工作時間，而非休息時間。

（一）罰則

　　雇主若違反本條文之規定，則依本法第79條第1項第1款之規定，處新臺幣2萬元以上100萬元以下之罰鍰（另依第4項之規定，主管機關尚可依事業規模、違反人數或違反情節，加重其罰鍰至150萬元），而且依本法第80條之1規定，應公布其事業單位或事業主之名稱、負責人姓名，並限期令其改善，若屆期未改善，則應按次處罰。

（二）職業安全衛生法

　　該法對於在特殊環境下工作之勞工的工作時間及休息時間，有特殊之規定，請另參考之。

（三）用餐時間及中午休息時間

　　因勞工可自由運用此段期間，故應屬休息時間，且一般而言會超過法定之三十分鐘。但若勞工須輪值接待客戶或接聽電話，則自屬工作時間，此時即應調整休息之時段。因此，勞資雙方最好依本法施行細則第7條之規定，詳細約定工作開始與

終止之時間及休息時間，免生爭議。

第36條（例假及休息日）

勞工每七日中應有二日之休息，其中一日為例假，一日為休息日。

雇主有下列情形之一，不受前項規定之限制：

一、依第三十條第二項規定變更正常工作時間者，勞工每七
　　日中至少應有一日之例假，每二週內之例假及休息日至
　　少應有四日。

二、依第三十條第三項規定變更正常工作時間者，勞工每七
　　日中至少應有一日之例假，每八週內之例假及休息日至
　　少應有十六日。

三、依第三十條之一規定變更正常工作時間者，勞工每二週
　　內至少應有二日之例假，每四週內之例假及休息日至少
　　應有八日。

雇主使勞工於休息日工作之時間，計入第三十二條第二項所
定延長工作時間總數。但因天災、事變或突發事件，雇主有
使勞工於休息日工作之必要者，其工作時數不受第三十二條
第二項規定之限制。

經中央目的事業主管機關同意，且經中央主管機關指定之行
業，雇主得將第一項、第二項第一款及第二款所定之例假，
於每七日之週期內調整之。

前項所定例假之調整，應經工會同意，如事業單位無工會
者，經勞資會議同意後，始得為之。雇主僱用勞工人數在
三十人以上者，應報當地主管機關備查。

解說

（一）本條文於105年12月21日修正公布時，採取了「一例一休」之重大變革。但因企業爭取較彈性之適用，因此於107年1月31日修正公布時，增訂了第4、5項。

（二）關於本條文第4項之行業種類，請自行上勞動部網站查閱，並注意後續之變更。

（三）107年1月31日之修正公布，雖有彈性上之放寬，但仍有重重之限制，亦即必須屬於「勞動部指定之行業」，才有可能彈性放寬，若不屬於「勞動部指定之行業」，則縱使經「工會或勞資會議同意」，也不能調整例假日。而雖屬於勞動部指定之行業，但仍須符合「經工會同意，如事業單位無工會者，經勞資會議同意」之條件，且另須踐行「報當地主管機關備查」之程序。

（四）本法施行細則第20條：

雇主有下列情形之一者，應即公告周知：1.依本法第30條第2項、第3項或第30條之1第1項第1款規定變更勞工正常工作時間。2.依本法第30條之1第1項第2款或第32條第1項、第2項、第4項規定延長勞工工作時間。3.依本法第34條第2項但書規定變更勞工更換班次時之休息時間。4.依本法第36條第2項或第4項規定調整勞工例假或休息日。

（五）本法施行細則第22條之1：

本法第32條第3項、第34條第3項及第36條第5項所定雇主僱用勞工人數，以同一雇主僱用適用本法之勞工人數計算，包括分支機構之僱用人數。

本法第32條第3項、第34條第3項及第36條第5項所定當

地主管機關，為雇主之主事務所、主營業所或公務所所在地之直轄市政府或縣（市）政府。

本法第32條第3項、第34條第3項及第36條第5項所定應報備查，雇主至遲應於開始實施延長工作時間、變更休息時間或調整例假之前一日為之。但因天災、事變或突發事件不及報備查者，應於原因消滅後二十四小時內敘明理由為之。

（六）本法施行細則第22條之3：

本法第36條第1項、第2項第1款及第2款所定之例假，以每七日為一週期，依曆計算。雇主除依同條第4項及第5項規定調整者外，不得使勞工連續工作逾六日。

（七）罰則：雇主若違反本條文之規定，則依本法第79條第1項第1款之規定，處新臺幣2萬元以上100萬元以下之罰鍰（另依第4項之規定，主管機關尚可依事業規模、違反人數或違反情節，加重其罰鍰至150萬元），而且依本法第80條之1規定，應公布其事業單位或事業主之名稱、負責人姓名，並限期令其改善，若屆期未改善，則應按次處罰。

第37條（休假）
內政部所定應放假之紀念日、節日、勞動節及其他中央主管機關指定應放假日，均應休假。
中華民國一百零五年十二月六日修正之前項規定，自一百零六年一月一日施行。

解說

　　本條文於107年1月31日修正公布時，只是作簡單之文字修正，亦即是將原條文「應放假之日」，修正為「應放假日」。

（一）施行細則

　　本法第37條所定休假遇本法第36條所定例假及休息日者，應予補假。但不包括本法第37條指定應放假之日。前項補假期日，由勞雇雙方協商排定之（本法施§23-1）。

（二）罰則

　　雇主若違反本條文之規定，則依本法第79條第1項第1款之規定，處新臺幣2萬元以上100萬元以下之罰鍰（另依第4項之規定，主管機關尚可依事業規模、違反人數或違反情節，加重其罰鍰至150萬元），而且依本法第80條之1規定，應公布其事業單位或事業主之名稱、負責人姓名，並限期令其改善，若屆期未改善，則應按次處罰。

（三）颱風假

　　事實上並非法定之休假，只是因為礙於天氣、交通及安全等因素，致無法提供勞務，而因此情形乃不可歸責於雙方，故雇主可以不給付當日工資，但不可以扣除全勤獎金。再者，雖別人在放颱風假，而該勞工仍上班，但因為本即應於當日上班，不是於休假期間因天災而停止休假、突然回來上班，故不適用本法第40條規定。

　　行政院勞工委員會76年10月16日台(76)勞動字第3928號函，則表示：天然災害發生時，停止辦公通報及起訖時間，應以事業單位所在地政府首長發布之通報為依據，如經宣布停止工作或勞工確因居住地發生災害無法到工者，工資應如何發

給，可由勞資雙方自行協商。但因天災，必須於正常工作時間以外工作者，依勞動基準法第24條及第32條規定，工資應按平日每小時工資額加倍發給之，並應於事後補給勞工適當之休息。上述有關事項，應列入工作規則中，報請主管機關核備，並公開揭示之。

第38條（特別休假）
勞工在同一雇主或事業單位，繼續工作滿一定期間者，應依下列規定給予特別休假：
一、六個月以上一年未滿者，三日。
二、一年以上二年未滿者，七日。
三、二年以上三年未滿者，十日。
四、三年以上五年未滿者，每年十四日。
五、五年以上十年未滿者，每年十五日。
六、十年以上者，每一年加給一日，加至三十日為止。
前項之特別休假期日，由勞工排定之。但雇主基於企業經營上之急迫需求或勞工因個人因素，得與他方協商調整。
雇主應於勞工符合第一項所定之特別休假條件時，告知勞工依前二項規定排定特別休假。
勞工之特別休假，因年度終結或契約終止而未休之日數，雇主應發給工資。但年度終結未休之日數，經勞雇雙方協商遞延至次一年度實施者，於次一年度終結或契約終止仍未休之日數，雇主應發給工資。
雇主應將勞工每年特別休假之期日及未休之日數所發給之工資數額，記載於第二十三條所定之勞工工資清冊，並每年定期將其內容以書面通知勞工。

新白話六法
勞動基準法

勞工依本條主張權利時，雇主如認為其權利不存在，應負舉
證責任。

解說

（一）原條文第4項規定，係規定「雇主應發給工資」，但因
較無彈性，故於107年1月31日修正公布時，增加但書規
定，亦即可經由勞雇雙方協商，而將未休日數遞延至次
一年度實施而排定特別休假之期日。

（二）本法施行細則第24條：

勞工於符合本法第38條第1項所定之特別休假條件時，
取得特別休假之權利；其計算特別休假之工作年資，應
依第5條之規定。

依本法第38條第1項規定給予之特別休假日數，勞工得
於勞雇雙方協商之下列期間內，行使特別休假權利：

1.以勞工受僱當日起算，每一週年之期間。但其工作六
個月以上一年未滿者，為取得特別休假權利後六個月之
期間。2.每年1月1日至12月31日之期間。3.教育單位之
學年度、事業單位之會計年度或勞雇雙方約定年度之期
間。

雇主依本法第38條第3項規定告知勞工排定特別休假，
應於勞工符合特別休假條件之日起三十日內為之。

（三）本法施行細則第24條之1：

本法第38條第4項所定年度終結，為前條第2項期間屆滿
之日。本法第38條第4項所定雇主應發給工資，依下列
規定辦理：

1.發給工資之基準：(1)按勞工未休畢之特別休假日數，

乘以其一日工資計發。(2)前目所定一日工資,為勞工之特別休假於年度終結或契約終止前一日之正常工作時間所得之工資。其為計月者,為年度終結或契約終止前最近一個月正常工作時間所得之工資除以三十所得之金額。(3)勞雇雙方依本法第38條第4項但書規定協商遞延至次一年度實施者,按原特別休假年度終結時應發給工資之基準計發。

2.發給工資之期限:(1)年度終結:於契約約定之工資給付日發給或於年度終結後三十日內發給。(2)契約終止:依第9條規定發給。勞雇雙方依本法第38條第4項但書規定協商遞延至次一年度實施者,其遞延之日數,於次一年度請休特別休假時,優先扣除。

（四）本法施行細則第24條之2:

本法第38條第5項所定每年定期發給之書面通知,依下列規定辦理:

1.雇主應於前條第2項第2款所定發給工資之期限前發給。

2.書面通知,得以紙本、電子資料傳輸方式或其他勞工可隨時取得及得列印之資料為之。

（五）罰則:雇主若違反本條文之規定,則依本法第79條第1項第1款之規定,處新臺幣2萬元以上100萬元以下之罰鍰（另依第4項之規定,主管機關尚可依事業規模、違反人數或違反情節,加重其罰鍰至150萬元）,而且依本法第80條之1規定,應公布其事業單位或事業主之名稱、負責人姓名,並限期令其改善,若屆期未改善,則應按次處罰。

（六）部分工時之勞工：可以依其工作時間與全時工作者的工作時間之比例，計算給予特休假，請另參考勞動部訂定之「僱用部分時間工作勞工應行注意事項」，但最好是由勞資雙方約定清楚，以避免爭議。

第39條（假日休息工資照給及假日工作工資加倍）

第三十六條所定之例假、休息日、第三十七條所定之休假及第三十八條所定之特別休假，工資應由雇主照給。雇主經徵得勞工同意於休假日工作者，工資應加倍發給。因季節性關係有趕工必要，經勞工或工會同意照常工作者，亦同。

解說

　　本條文係規定雇主應照給假日工資，且勞工若於假日仍出勤工作時，雇主應加倍發給工資。嗣於105年12月21日修正公布現今之條文，乃是為配合第36條增訂休息日之規定，因此本條文亦配合修正，將休假日亦納為應照給工資之範圍。

　　但若於休息日加班，則其工時及工資之計算方式，係依第24條之規定，而非依本條文加倍發給之規定。

（一）施行細則第24條之3

　　本法第39條所定休假日，為本法第37條所定休假及第38條所定特別休假。

（二）罰則

　　雇主若違反本條文之規定，則依本法第79條第1項第1款之規定，處新臺幣2萬元以上100萬元以下之罰鍰（另依第4項之

規定，主管機關尚可依事業規模、違反人數或違反情節，加重其罰鍰至150萬元），而且依本法第80條之1規定，應公布其事業單位或事業主之名稱、負責人姓名，並限期令其改善，若屆期未改善，則應按次處罰。

（三）按件計酬之勞工

主管機關及實務判決都肯定有本條文之權利（請參照臺灣高等法院103年度勞上易字第24號民事判決）。至於其金額之計算方式，則請參照本法施行細則第12、13條等規定。

（四）按時計酬之勞工

行政院勞工委員會101年11月6日勞動二字第1010132874號令表示：依據勞動基準法第24、39條規定，按時計酬者勞資雙方以不低於每小時基本工資之數額約定其工資額，除另有約定外，毋須再行加給；逾法定正常基本工時延時工作或於休假日出勤工作者，以約定之金額核計休假日（出勤）之工資。

這是因為雖然按時（按日）計酬之勞工，仍享有本條文之權利，但在審議基本工資時，已考量其工作之特殊性，而將應享有之例假日及休息日工資，計入算到每小時的基本工資之內了，所以毋須再行加給。

同理，按日計酬之情形，若日薪不低於以每小時基本工資計算之金額，則也毋須再行加給。

（五）如何計算？

行政院勞工委員會87年9月14日台(87)勞動二字第039675號函，表示：勞動基準法第39條規定勞工於休假日工作，工資應加倍發給。所稱「加倍發給」，係指假日當日工資照給外，再加發一日工資，此乃因勞工於假日工作，即使未滿八小時，

亦已無法充分運用假日之故，與同法第32條延長每日工時應依第24條按平日每小時工資額加成或加倍發給工資，係於正常工作時間後再繼續工作，其精神、體力之負荷有所不同。至於勞工應否延長工時或於休假日工作及該假日須工作多久，均由雇主決定，應屬於事業單位內部管理事宜，尚難謂有不合理之處。故勞工假日出勤工作於八小時內，應依前開規定辦理；超過八小時部分，應依同法第24條規定辦理。

（六）擇日補休

行政院勞工委員會87年8月31日台(87)勞動二字第037426號函，表示：查勞動基準法第39條規定勞工於休假日工作，工資應加倍發給，至於勞工應否於休假日工作及該假日須工作多久，均由雇主決定，應屬於事業單位內部管理事宜。勞工於休假工作後，勞雇雙方如協商同意擇日補休，為法所不禁。但補休時數如何換算，仍應由勞雇雙方協商決定。

（七）無薪假

因景氣不佳之因素，雇主可能會採取減少工時、減薪或放無薪假之方式來度過難關，並避免大量解僱勞工，所以「無薪假」並不是為了放鬆休息之假期，而是不得已之措施。以上之因應措施都應由勞資雙方共同協議以共度難關，不能由雇主片面變更勞動條件。

另請參考行政院勞工委員會之下列函釋：

1.97年12月22日勞動二字第0970130987號令函

核釋勞動基準法第21條第1項規定：「工資由勞雇雙方議定之。但不得低於基本工資。」指雇主給付勞工之工資，應依勞動契約之約定發給，並不得低於基本工資。雇主若受景氣因

素影響致停工或減產，經勞雇雙方協商同意，固可暫時縮減工作時間及依比例減少工資，惟為保障勞工基本生活，原約定按月計酬之全時勞工，每月給付之工資仍不得低於基本工資（數額新臺幣17,280元）。本會中華民國90年7月16日台(90)勞動二字第0029826號函及96年7月24日勞動二字第0960071719號函，自即日停止適用。

2. 98年2月13日勞動二字第0980130085號令函

　　依勞動基準法施行細則第7條規定，勞工工作開始及終止之時間、休息時間及輪班制之換班等有關事項應於勞動契約中約定，雇主如認有變更之必要，應重新協商合致，不得逕自變更。雇主未經勞工同意，逕自排定所謂「無薪休假」，自屬無效之變更，勞工縱未於所謂「無薪休假」當日出勤，因係雇主逕自免除勞工出勤義務，勞工無補服勞務之義務，雇主仍應依原約定給付報酬。所生未全額給付勞工工資情事，主管機關可限期雇主給付工資，並依相關規定裁罰。

　　另查所謂「無薪休假」，事涉個別勞工勞動條件之變更，故除勞工委託工會代為協商並決定者外，尚不得以產業工會理事、監事會議已同意，即謂業經勞資雙方之合意。

3. 98年3月5日勞動二字第0980130120號令函

　　查本會97年12月22日勞動二字第0970130987號令自發布日起生效；該令釋內容略以：「……原約定按月計酬之全時勞工，『每月』給付之工資仍不得低於基本工資」，爰勞工當期（當月）工資即不得低於基本工資（數額新臺幣17,280元）。

　　復查勞動基準法施行細則第7條規定，勞工工作開始及終止之時間、休息時間及輪班制之換班等有關事項應於勞動契約中約定，雇主如認有變更之必要，應重新協商合致，不得逕自

變更。前開協商變更勞動條件雖非以書面為要件，惟勞工保持沉默未即表示異議，亦難逕認默示同意；如生爭議，雇主應負舉證責任，雇主如無法提供相關證明，仍難認其排定之「無薪休假」業經勞工同意，雇主仍應依原約定給付報酬。所生未全額給付勞工工資情事，主管機關可限期雇主給付工資，並依相關規定裁罰。

另查勞資雙方針對縮減工時如已協商同意及訂定協議，除協議之內容有違反法令強制或禁止之規定者外，允屬有效，惟勞工如對原協議書之內容有疑義或認有調整之必要，仍應由勞雇雙方重新協商合致。

4. 98年3月17日勞動三字第0980130196號令函

勞動基準法第50條第1項規定：「女工分娩前後，應停止工作，給予產假八星期；妊娠三個月以上流產者，應停止工作，給予產假四星期。」同條第2項規定：「前項女工受僱工作在六個月以上者，停止工作期間工資照給；未滿六個月者減半發給。」上開規定係指因分娩或妊娠三個月以上流產之女性員工，雇主應停止其工作，並依曆計給產假，受僱六個月以上者，產假期間之工資，雇主應依勞動契約之約定發給，未滿六個月者減半發給。

所謂「無薪休假」係勞雇雙方為因應景氣因素，所為暫時性停止勞務提供之協議，縱使勞工前已同意實施所謂「無薪休假」，惟產假期間，雇主依法本應停止其工作，該期間自無得實施所謂「無薪休假」，並應依無薪休假前之原勞動契約所約定工資數額給付。

5. 98年4月8日勞動二字第0980130255令函

按勞動基準法第22條規定，工資應全額直接給付勞工。勞

工如有提供勞務之事實，雇主自應依法給付工資。

　　事業單位如受景氣影響必須減產或停工，為避免大量解僱勞工，可與勞工協商並經同意後，暫時縮減工作時間及依比例減少工資，惟仍不得低於基本工資。至雇主如有使勞工於原約定已排定免出勤之日出勤，仍應徵得勞工同意，並應依法給付當日正常工作時間之工資；當日若有延長勞工工作時間者，其延長工作時間之工資，應依勞動基準法第24條規定辦理。

　　除前開延時工資得依本會79年9月21日台勞動二字第22155號函，應勞工事後拋棄請求並協議補休外（按權利不得於事前拋棄），當日正常工作時間之工資仍應依法給付，無得拋棄工資請求而選擇補休。

　　邇來，迭有民眾申訴，部分雇主恣意變動原協商排定免出勤之期日，甚有對無法配合出勤之勞工以「曠職處分」、「列入考核」及「優先裁員」等手段相脅；勞工同意或勉為出勤時，雇主亦有僅給予所謂「補休」，未給付工資之情事者，諸此之類均與前開規定有間，亦與法理不合。為免影響勞工權益，請轉知貴轄實施所謂「無薪休假」之事業單位，確依相關規定辦理，如有違法情事者，請依法裁罰。

6. 98年4月24日勞動二字第0980070071令函

　　查「無薪休假」（或行政假）並非法律名詞，更非雇主得以恣為之權利。因景氣因素所造成之停工，屬可歸責於雇主之事由，工資本應依約照付。雇主如片面減少工資，即屬違法，可依法裁罰。事業單位如受景氣影響必須減產或停工，為避免大量解僱勞工，可與勞工協商並經同意後，暫時縮減工作時間及依比例減少工資，以共度難關，惟對支領月薪資者，仍不得低於基本工資，以及逕自排定所謂「無薪休假」。為求勞資關

係和諧，勞雇雙方可透過勞資會議，就應否採行所謂「無薪休假」進行討論，惟前開協議，因涉個別勞工勞動條件之變更，仍應徵得勞工個人之同意。

查事業單位如欲實施彈性工時、延長工時及女性夜間工作，其無工會者，非經其勞資會議之同意，均不得為之。本案請併就事業單位是否確符前開規定查明，有違法者，併請依法裁罰。

第40條（假期之停止加資及補償）
因天災、事變或突發事件、雇主認有繼續工作之必要時，得停止第三十六條至第三十八條所定勞工之假期。但停止假期之工資，應加倍發給，並應於事後補假休息。
前項停止勞工假期，應於事後二十四小時內，詳述理由，報請當地主管機關核備。

解說

本條文係規定於特殊情形，雇主得停止勞工之假期，但於事後應加倍發給工資並應於事後補假休息，使勞工有休息調節之機會，另亦應於事後報請當地主管機關核備。若約定再加發工資而不用補休，因違反強制規定，依民法第71條規定，屬於無效之約定，雇主仍會遭到處罰。

（一）罰則

雇主若違反本條文之規定，則依本法第79條第1項第1款之規定，處新臺幣2萬元以上100萬元以下之罰鍰（另依第4項之規定，主管機關尚可依事業規模、違反人數或違反情節，加重

其罰鍰至150萬元），而且依本法第80條之1規定，應公布其事業單位或事業主之名稱、負責人姓名，並限期令其改善，若屆期未改善，則應按次處罰。

（二）突發事件

1. 所謂突發事件，應係指無法預知之特殊情況，法律條文不可能詳細列舉，只能依具體狀況及各行業之特殊性而做判斷。

2. 勞工不按所輪班次上班工作

　　行政院勞工委員會77年6月14日(77)台勞動二字第15750號函認為：

(1) 衡酌勞動基準法第1條及第34條規定之精神及工作習慣，紀念日、勞動節日及其他中央主管機關規定應放假之日，於輪班制之勞工，當日仍應依序輪班工作。

(2) 復按公用事業之業務運作，與社會大眾日常生活息息相關，雇主應於紀念日、勞動節日及其他規定之放假日合理安排勞工之輪班休假，俾能保留相當人力，維持其業務之正常運行，倘經合理安排，而應於前述放假日上班之勞工不按所輪班次上班工作，使雇主因應不及，而致無法維持其業務之正常運作，嚴重影響社會大眾生活秩序與社會安全，應可認為係同法第40條第1項所稱之「突發事件」，而有該條之適用。

　　嗣行政院勞工委員會78年4月20日(78)台勞動二字第09229號函亦同此見解。

（三）是否須得到勞工同意？

　　臺灣高等法院97年度勞上易字第45號民事判決認為，本件

與第39條規定之要件不同，故毋須得到勞工之同意。又於該案例，於雇主依本條文規定停止勞工假期後，若勞工未上班，即會被認為屬於曠工。

（四）若未報請當地主管機關核備

臺灣高等法院97年度勞再易字第13號民事判決，認為這是雇主應否受到處罰之問題，不影響雇主停止勞工假期之效力，而最高法院98年度台上字第73號民事裁定則維持此見解，並補充認為本條與本法第84條之1規定之核備性質不同，不得比附援引。

第41條（主管機關得停止公用事業勞工之特別休假）
公用事業之勞工，當地主管機關認有必要時，得停止第三十八條所定之特別休假。假期內之工資應由雇主加倍發給。

解說

因公用事業，關係著大眾生活之便利，所以本條文規定於必要時，無須得到工會或勞工之同意，便可直接停止勞工之特別休假，但應加倍發給工資。而所謂「必要時」，當然只能由具體事實來認定了。

雇主若違反本條文之規定，則依本法第79條第1項第1款之規定，處新臺幣2萬元以上100萬元以下之罰鍰（另依第4項之規定，主管機關尚可依事業規模、違反人數或違反情節，加重其罰鍰至150萬元），而且依本法第80條之1規定，應公布其事業單位或事業主之名稱、負責人姓名，並限期令其改善，若屆期未改善，則應按次處罰。

第42條（不得強制正常工作時間以外之工作情形）
勞工因健康或其他正當理由，不能接受正常工作時間以外之
工作者，雇主不得強制其工作。

解說

　　雇主如果依本法的規定，完成要求勞工在平日或假日加班
的程序，則勞工自有加班工作的義務而不得反悔或拒絕，但此
結果對體弱力衰或另有急事的勞工而言，未免過苛，所以本條
文便限制在此種情形下雇主不得強令勞工加班工作。

（一）罰則：違反本條文之規定，依本法第77條之規定，可處
　　　六月以下有期徒刑、拘役或科或併科新臺幣30萬元以下
　　　罰金。

（二）與本法第5條之不同：此部分請參考本書關於第5條的介
　　　紹。

第43條（請假事由）
勞工因婚、喪、疾病或其他正當事由得請假；請假應給之假
期及事假以外期間內工資給付之最低標準，由中央主管機關
定之。

解說

　　勞工不僅應有休息、休假的時間，且於婚、喪、疾病或
另有要事時亦應准其不用上班，始符情理，但為兼顧雇主的經
營管理及工資給付權益，關於勞工請假的事由、日數及工資，
亦應予以考慮。而此問題若由勞資雙方協商約定，難免又屢生

糾紛而製造緊張之狀態，所以本條文便規定授權由中央主管機關訂定最低之標準。另請參考工會法（公假）、性別工作平等法（例如生理假、產假、陪產假、家庭照顧假、育嬰留職停薪等）及職業災害勞工保護法（普通傷病假及公傷病假）、嚴重特殊傳染性肺炎防治及紓困振興特別條例（防疫隔離假、防疫照顧假）等相關詳細規定。

（一）勞工請假規則

依據本條文的授權，經內政部以74年3月20日(74)台內勞字第296501號令訂定發布勞工請假規則，嗣後經行政院勞工委員會及勞動部數度修正，所以關於請假之規定，請自行參考該請假規則。

（二）罰則

雇主若違反本條文之規定，則依本法第79條第1項第3款之規定，處新臺幣2萬元以上100萬元以下之罰鍰（另依第4項之規定，主管機關尚可依事業規模、違反人數或違反情節，加重其罰鍰至150萬元），而且依本法第80條之1規定，應公布其事業單位或事業主之名稱、負責人姓名，並限期令其改善，若屆期未改善，則應按次處罰。

（三）婚假

1. 一次給足

內政部74年6月28日(74)台內勞字第321282號函認為勞工婚假以一次給足為原則。

2. 離婚後再婚

內政部75年12月26日(75)台內勞字第467204號函認為勞

工請假規則第2條規定：「勞工結婚者給予婚假八日，工資照給。」勞工離婚後再婚，既有結婚之事實，雇主即應依上開規定辦理。

3. 放寬請休婚假之期間

　　勞動部104年10月7日以勞動條三字第1040130270號令表示：核釋勞工請假規則第2條規定：「勞工結婚者給予婚假八日，工資照給。」前開婚假應自結婚之日前十日起三個月內請畢。但經雇主同意者，得於一年內請畢，並自即日生效。

（四）准假與否

　　勞工請假時，雇主基於經營管理權，雖可審查或要求提供證明文件（尤其是病假之診斷證明書），但仍須注意不可以違反誠信原則。亦即，雇主可能因不准勞工請假，而給予不發給全勤獎金或懲戒之不利處分，甚至以曠工達三日以上為理由而解僱勞工。但若嗣後發生勞資爭議，被法院認定雇主不准假之決定係違反誠信原則，屬於權利濫用，則勞工所受之不利處分或不當解僱，將得以回復其權利（請參照最高法院88年度台上字第366號民事裁定）。

（五）未依規定請假與曠工

　　勞工縱使有可以請假之事由，也應尊重雇主的經營管理權而依規定請假，且雇主也可自訂應提出具體文件始可請假之工作規則。若未依規定請假，可能會被認為是曠工，此時雇主可能就會依本法第12條第1項第6款之規定而予解僱（請參照最高法院94年度台上字第1982號、97年度台上字第13號民事判決、104年度台簡上字第6號、110年度台上字第9號民事裁定等）。

|第五章|
童工、女工

第44條（童工及危險有害工作之限制）
十五歲以上未滿十六歲之受僱從事工作者，為童工。
童工及十六歲以上未滿十八歲之人，不得從事危險性或有害性之工作。

解說

　　本條文第2項，原係規定「童工不得從事繁重及危險性之工作」，嗣於104年12月16日修正為現今之條文，並且將16歲以上未滿18歲之勞工亦納入保護範圍。

　　另於兒童及少年福利與權益保障法，亦有相關規定，請另參考之。

（一）危險性或有害性工作定義

　　本法第44條第2項所稱危險性或有害性之工作，依職業安全衛生有關法令之規定（本法施§25）。

（二）罰則

　　違反本條文第2項之規定，依本法第77條之規定，可處六個月以下有期徒刑、拘役或科或併科新臺幣30萬元以下罰金。

（三）職業安全衛生法

　　該法第29條詳細規定雇主不得使未滿18歲者從事危險性或有害性工作之項目。若違反，依該法第41條規定，可處一年以下有期徒刑、拘役或科或併科新臺幣18萬元以下罰金，比本法第77條之處罰規定還重。請讀者自行參考該法之詳細規定。

第45條（未滿15歲人之僱傭）

雇主不得僱用未滿十五歲之人從事工作。但國民中學畢業或經主管機關認定其工作性質及環境無礙其身心健康而許可者，不在此限。

前項受僱之人，準用童工保護之規定。

第一項工作性質及環境無礙其身心健康之認定基準、審查程序及其他應遵行事項之辦法，由中央主管機關依勞工年齡、工作性質及受國民義務教育之時間等因素定之。

未滿十五歲之人透過他人取得工作為第三人提供勞務，或直接為他人提供勞務取得報酬未具勞僱關係者，準用前項及童工保護之規定。

解說

　　本條文旨在保護未滿15歲之人過早投入勞動市場，但亦設例外特別之規定。而102年12月11日修正公布之條文，則係修正第1項之條文，並增訂第3、4項之規定。

（一）罰則

　　違反本條文之規定，依本法第77條之規定，可處六月以下

有期徒刑、拘役或科或併科新臺幣30萬元以下罰金。

（二）主管機關依第3項之規定，訂有「勞動基準法第 45條無礙身心健康認定基準及審查辦法」，請 另參考之。

第46條（法定代理人同意書及年齡證明文件）
未滿十八歲之人受僱從事工作者，雇主應置備其法定代理人 同意書及其年齡證明文件。

解說

　　本條文原僅規定未滿16歲之人受僱從事工作者，雇主才有 置備上開文件之義務。嗣於104年12月16日修法時，將其年齡 提高到未滿18歲之人，以增加保護範圍。

　　雇主若違反本條文之規定，則依本法第79條第3項之規 定，處新臺幣2萬元以上30萬元以下之罰鍰（尚可依違反情節 輕重而加重罰鍰至45萬元），而且依本法第80條之1規定，應 公布其事業單位或事業主之名稱、負責人姓名，並限期令其改 善，若屆期未改善，則應按次處罰。

第47條（童工工作時間之限制）
童工每日之工作時間不得超過八小時，每週之工作時間不得 超過四十小時，例假日不得工作。

解說

本條文係為了維護童工的身心健康，所以限制童工不得延時工作，亦不得在例假日工作，縱使雇主依本法於特殊情形有要求勞工加班的必要，也不可以使童工加班。違反本條文之規定，依本法第77條之規定，可處六月以下有期徒刑、拘役或科或併科新臺幣30萬元以下罰金。又行政院勞工委員會81年11月11日(81)台勞動二字第39848號函認為現行勞動基準法第47條童工每日工作時間不得超過八小時，係基於不使童工過度工作之特別保護規定，與該法第30條第2項實施一週變形工時之規定立法意旨不同，故實施一週變形工時制度之事業單位所僱用童工每日工作時間仍不得超過八小時，否則即屬違法。

本條文於102年12月11日修正公布時，又增加「每週之工作時間不得超過四十小時」之限制。

第48條（童工夜間工作之禁止）
童工不得於午後八時至翌晨六時之時間內工作。

解說

本條文係限制童工的工作時段，藉以維護童工的身心健康，若違反本條文的規定，可依本法第77條之規定，處六月以下有期徒刑、拘役或科或併科新臺幣30萬元以下罰金。

第49條（女工深夜工作之禁止及其例外）
雇主不得使女工於午後十時至翌晨六時之時間內工作。但雇

主經工會同意，如事業單位無工會者，經勞資會議同意後，且符合下列各款規定者，不在此限：
一、提供必要之安全衛生設施。
二、無大眾運輸工具可資運用時，提供交通工具或安排女工宿舍。
前項第一款所稱必要之安全衛生設施，其標準由中央主管機關定之。但雇主與勞工約定之安全衛生設施優於本法者，從其約定。
女工因健康或其他正當理由，不能於午後十時至翌晨六時之時間內工作者，雇主不得強制其工作。
第一項規定，於因天災、事變或突發事件，雇主必須使女工於午後十時至翌晨六時之時間內工作時，不適用之。
第一項但書及前項規定，於妊娠或哺乳期間之女工，不適用之。

解說

本條文原來規定是原則上禁止女工於深夜工作，但於例外情形則准許之。但該例外情形對妊娠或哺乳期間之女工亦例外地不適用，亦即妊娠或哺乳期間的女工是絕對不能在深夜時段工作的。又依第30條之1第1項第3款之規定，於該條文所示之例外情形則排除本條文之限制，但雇主仍應提供完善的完全衛生措施。再者，第84條之1亦有例外之規定，性別工作平等法則有相關規定，請讀者自行參考之。

但本條文第1項，經大法官會議釋字第807號解釋，認為違反憲法第7條保障性別平等之意旨，應自110年8月20日本解釋公布之日起，失其效力。

（一）罰則

1. 雇主若違反本條文第1項之規定，原應依本法第79條第1項第1款之規定，處新臺幣2萬元以上100萬元以下之罰鍰（尚可依違反情節輕重而加重處罰至二分之一），但如今該項條文既經大法官會議宣告失效，則自不得再予處罰。

2. 雇主若違反本條文第3項之規定，則依本法第77條之規定，處六月以下有期徒刑、拘役或科或併科新臺幣30萬元以下罰金。

3. 雇主若違反本條文第5項之規定，則依本法第79條第2項之規定，處新臺幣9萬元以上45萬元以下之罰鍰（尚可依違反情節輕重而加重處罰至二分之一），而且依本法第80條之1規定，應公布其事業單位或事業主之名稱、負責人姓名，並限期令其改善，若屆期未改善，則應按次處罰。

（二）「經工會或勞資會議同意」之意義

　　行政院勞工委員會77年8月3日(77)台勞動二字第16876號函認為本法第32條及第49條所稱之「經工會或勞工同意」，是指有工會者應經工會同意，無工會者需經勞工同意。嗣後於91年12月25日修正為勞資會議同意。但大法官會議釋字第807號解釋之理由書，對此管制程序則不予認同。

（三）職業安全衛生法之規定

　　該法第30條另有規定不得使妊娠中及分娩後未滿一年等女性勞工從事危險性或有害性工作。若違反，依該法第41條規定，則處一年以下有期徒刑、拘役或科或併科新臺幣30萬元以下罰金。

（四）「哺乳期間」之解釋

行政院勞工委員會83年11月8日(83)台勞動三字第100039號函認為查憲法第153條規定婦女從事勞動者應按其年齡及身體狀態予以特別之保護，第156條規定國家為奠定民族生存發展之基礎應保護母性，故勞動基準法第49條第5項規定禁止女性勞工於哺乳期間從事夜間工作，立法意旨在於保護產後女性勞工生活作息正常，以利哺育及照顧嬰兒。所謂哺乳，不限於餵哺母乳，包含餵哺牛乳在內；至於哺乳期間之長短，該條文未予規定，應視個別女工之實際情況而定，經參酌同法第52條：「子女未滿一歲須女工親自哺乳者，……。」及職業安全衛生法第22條第2項：「雇主不得使……分娩後未滿一年之女工從事下列危險性或有害性工作……。」等規定，該「哺乳期間」可解釋為分娩後一年，但仍應視個別勞工之情況而定。

第50條（分娩或流產之產假及工資）
女工分娩前後，應停止工作，給予產假八星期；妊娠三個月以上流產者，應停止工作，給予產假四星期。
前項女工受僱工作在六個月以上者，停止工作期間工資照給，未滿六個月者減半發給。

解說

（一）是否應提出產假證明？

雇主對依本法第50條第1項請產假之女工，得要求其提出證明文件（本法施§26）。

（二）罰則

違反本條文之規定，依本法第78條第2項之規定，處新臺幣9萬元以上45萬元以下之罰鍰（尚可依違反情節輕重而加重處罰至二分之一），而且依本法第80條之1規定，應公布其事業單位或事業主之名稱、負責人姓名，並限期令其改善，若屆期未改善，則應按次處罰。

（三）性別工作平等法及職業安全衛生法之規定

關於產假、陪產假及育嬰留職停薪等，請參考性別工作平等法第15條至第17條等規定。而職業安全衛生法第30條另有規定禁止使妊娠中或分娩後未滿一年之女性勞工從事危險性或有害性工作，且若違反，該法第41條亦有處罰之規定。

（四）已婚或未婚之給假規定

內政部73年10月19日(73)台內勞字第264965號函認為本條文規定之產假及流產假，係以事實認定為準，不論已婚或未婚。

（五）死產或活產之給假規定

內政部73年11月30日(73)台內勞字第267656號函認為女工妊娠六個月以上分娩者，無論死產或活產，均應給予產假八星期，以利母體調養恢復體力。惟此「六個月以上」，是否係通用之判斷標準？其依據又係為何？實留有爭議。

（六）實施人工流產之給假規定

內政部74年11月4日(74)台內勞字第359124號函認為女工妊娠三個月以上實施人工流產，如經優生保健法第5條規定指定之醫生證明屬實者，應依本條文之規定停止工作並給予產假

四星期。

（七）十二週或八十四天流產之給假規定

行政院勞工委員會80年7月24日(80)台勞動三字第18494號函認為依行政院衛生署79年9月18日衛署保字第901786號函稱：「產科學所稱懷孕十個月之足月生產，係指懷孕二百八十天，即四十週。」故女工經醫師診斷為十二週流產，其與妊娠三個月或八十四天流產之意相同。

（八）全勤獎金應照發

內政部74年5月14日(74)台內勞字第315778號函認為產假乃女工應有之合法權益，不應視為缺勤，原有之全勤獎金自應照發。

（九）毋庸扣除假日

行政院勞工委員會79年1月25日(79)台勞動三字第01725號函認為勞動基準法第50條所定之產假旨在保護母性之健康，該假期內如遇星期例假、紀念日、勞動節日及其他由中央主管機關規定應放假之日，均包括在內毋庸扣除。

（十）不得任意拋棄

行政院勞工委員會80年1月18日(80)台勞動三字第01622號函認為勞動基準法第50條第1項規定女工分娩前後，應停止工作，給予產假八星期係為保護母性，法律明定停止工作之強制性規定，不得以個別勞動契約方式拋棄。

（十一）受僱工作在六個月以上

行政院勞工委員會81年11月4日(81)台勞動三字第36938號

函認為本條文第2項所稱之「六個月」，應以曆計算。

（十二）可僱用短期契約工代理

內政部74年2月5日(74)台內勞字第288244號函認為女工產假，停止工作期間，依勞動基準法第13條規定，雇主不得終止契約。其所遺職務，可依事實需要僱用短期契約工代理。產假期滿後，勞雇雙方自應繼續履行原約。

（十三）申請安胎假之規定

行政院勞工委員會83年12月28日(83)台勞動三字第121197號函認為女性員工因懷孕不適需要安胎者，可依勞工請假規則第4條請病假，如有不足，再依同規則第5條規定辦理。

而性別工作平等法第15條第3項則係規定：「受僱者經醫師診斷需安胎休養者，其治療、照護或休養期間之請假及薪資計算，依相關法令之規定。」又勞工請假規則第4條第2項則係規定：「經醫師診斷，罹患癌症（含原位癌）採門診方式治療或懷孕期間需安胎休養者，其治療或休養期間，併入住院傷病假計算。」

（十四）不得扣除勞保給付

內政部73年11月22日(73)台內勞字第265870號函認為女工分娩時，不僅可依本法第50條規定請求給付產假期間之工資，也可依勞工保險條例第32條規定請領生育給付，兩項權利各有法律依據，自不得從工資中扣除勞保給付。

（十五）產假期滿勞工不再續約之薪資給付規定

內政部74年10月18日(74)台內勞字第359274號函認為本條文之規定其立法精神係基於保護母性之政策，乃女工應有之合

法權益，如勞工提出產假期滿不再續約，其產假期間工資仍應
照給。

（十六）定期契約於產假期間屆滿

內政部75年10月18日(75)台內勞字第438324號函認為女工
在產假停止工作期間，其定期契約因屆滿而終止，雇主可不續
給產假及產假工資。

（十七）妊娠三個月以下流產之給假

行政院勞工委員會76年9月8日(76)台勞動字第0962號函認
為此種情形得請病假。但現今性別工作平等法第15條第1項已
有規定：「妊娠二個月以上未滿三個月流產者，應使其停止工
作，給予產假一星期；妊娠未滿二個月流產者，應使其停止工
作，給予產假五日。」

（十八）留職停薪期間之給假規定

行政院勞工委員會77年7月14日(77)台勞動二字第14619號
函認為勞工留職停薪期間適逢父喪或流產，雇主毋庸給假，但
留職停薪期間，如果仍處於得請喪假或產假之期間，雇主應就
剩餘之部分給假。

（十九）「產假四星期」之計算法

行政院勞工委員會77年9月29日(77)台勞動二字第21535號
函認為本條文所稱「產假四星期」，是以流產事實發生日起連
續四星期計之。

（二十）公務員兼勞工身分之分娩假

行政院勞工委員會78年9月11日(78)台勞動二字第12622號

函認為有關產假因公務員法令標準低於本法，所以該會77年6月28日勞動三字第12926號函及78年2月28日勞動三字第03571號函都認為如果公務人員請假規則未有較優規定，仍應依本法第50條之規定辦理。而該會79年3月3日(79)台勞動三字第30557號函更認為適用本法之勞工或公務員兼具勞工身分者，如果於到職前即已生產或流產，但仍在本法第50條所定之給假期限內到職者，應依本條文所定假期扣除自分娩或流產事實發生之日起至到職前之日數，給予剩餘日數之假期。

（二一）計件女工產假期間之薪資給付

　　內政部76年5月9日(79)台內勞字第500942號函認為計件女工（按件計酬之女工）產假停止工作期間之工資，可依產前最近一個月工資之平均額計給。

第51條（妊娠期間得請求改調較輕易工作）
女工在妊娠期間，如有較為輕易之工作，得申請改調，雇主不得拒絕，並不得減少其工資。

解說

（一）罰則

　　若違反本條文之規定，依本法第78條第2項之規定，處以新臺幣9萬元以上45萬元以下之罰鍰（尚可依違反情節輕重而加重處罰至二分之一），而且依本法第80條之1規定，應公布其事業單位或事業主之名稱、負責人姓名，並限期令其改善，若屆期未改善，則應按次處罰。

（二）不以妊娠滿若干月為要件

行政院勞工委員會79年3月27日(79)台勞動三字第06662號函認為事業單位如果有較為輕易之工作，妊娠期間之女工即得申請改調，不以妊娠滿若干月為要件。

（三）「較為輕易之工作」之定義

行政院勞工委員會79年11月29日(79)台勞動三字第28580號函認為是指工作內容，而不是指地點。另該會80年7月29日(80)台勞動三字第18950號函認為是指工作為其所能勝任，客觀上又不致影響母體及胎兒之健康者，而該項工作是否影響健康，仍應依個案審慎認定。

（四）若無較輕易之工作時的勞資協調方法

行政院勞工委員會77年1月26日(77)台勞動三字第01093號函曾認為台灣汽車客運公司隨車服務員、售票員在妊娠期間如確無較輕易之工作可資調整時，又無法勝任原工作，除可請假調適外，亦得由勞資雙方協議停薪留職。

第52條（哺乳時間）
子女未滿一歲須女工親自哺乳者，於第三十五條規定之休息時間外，雇主應每日另給哺乳時間二次，每次以三十分鐘為度。
前項哺乳時間，視為工作時間。

解說

本條文是保障女工親自哺乳及照顧嬰兒的時間，不過，若

違反本條文的規定，倒是沒有處罰的規定。而內政部73年10月19日(73)台內勞字第264965號函認為哺乳時間是指在事業單位內之哺育設施為之，與女工住所無關。另行政院勞工委員會83年11月8日(83)台勞動三字第100039號函認為所謂哺乳，不限於餵哺母乳，而包含餵哺牛乳在內。又性別工作平等法第18條亦有相同之規定，且對違反者也沒有處罰的規定。

|第六章|

退　休

第53條（勞工自請退休條件）

勞工有下列情形之一者，得自請退休：

一、工作十五年以上年滿五十五歲者。

二、工作二十五年以上者。

三、工作十年以上年滿六十歲者。

解說

　　勞工退休情形有二種，一是本條文之自請退休，另一則是第54條之強制退休，二者在條件（原因）上不僅不同，而且在程序上亦有不同：在自請退休之情形，只要勞工符合條件並向雇主表示自請退休，毋須得到雇主之同意，即完成退休而得請求退休金；但在強制退休之情形，勞工雖然有達到第54條所示之強制退休條件，但勞工若主動申請退休，仍需得到雇主的同意才完成退休；再者，若勞工符合該條件後縱使不想退休，但只要雇主表示強制退休，勞工亦只有退休一途。

（一）退休年齡之計算標準

　　98年4月22日修法增訂第3款條文，明定「工作十年以上，年滿六十歲」亦可自請退休之條件，使得選擇舊制之勞工更能自我規劃生涯，尤其是對於年滿60歲後覺得體力不濟之勞工而

言，更是一大福音，因為以往礙於第54條強制退休年齡為65歲之限制而必須勉力留在工作崗位上，如今即可自請退休。

本法第53條第1款、第54條第1項第1款及同條第2項但書規定之年齡，應以戶籍記載為準（本法施§27）。

（二）毋須得到雇主同意

司法院第14期司法業務研究會研討結論及司法院第一廳研究意見認為勞工依法自請退休生效時，勞雇雙方之勞動契約即可終止，故自請退休權利可視為契約終止權之一，而終止權又屬形成權之一，形成權於權利人行使時，即發生形成之效力，不必得到相對人（雇主）之同意（最高法院93年度台上字第2528號民事判決參照），但勞工行使權利時仍應有合法之權利依據（即本條文所規定之條件），始得為之，如無合法依據而請求退休時，亦不發生形成（退休）之效力。此時，可能就是自請辭職而無法領取資遣費或退休金。

（三）自請退休後死亡

內政部75年4月7日(75)台內勞字第395257號函認為勞工於死亡前若已符自請退休之條件且申請自願退休之意思表示亦已於生前通知並達到相對人（雇主），則退休請求權自不因死亡而受影響。亦即，此時之退休金成為遺產之一而由繼承人繼承領取。

（四）未自請退休即死亡

勞工若已符合自請退休之條件，但未表示自請退休即不幸死亡，內政部76年7月16日(76)台勞動字第5012號函、行政院勞工委員會76年10月8日(76)台勞字第5012號函都認為事業單

位宜比照退休標準給予撫卹，但若撫卹標準較優時，自可選擇領取撫卹金。

（五）是否需預告？

本條文並未規定需預告，但行政院勞工委員會78年5月8日(78)台勞動三字第10825號函認為本法第15條第2項規定：「不定期契約，勞工終止契約時，應準用第十六條第一項規定期間預告雇主」，所以勞工自請退休時，雇主自可要求勞工依上開規定預告終止契約。

（六）勞工牽涉刑案但判決未確定

行政院勞工委員會78年6月22日(78)台勞動三字第15151號函認為此時若勞工已符合自請退休條件並申請退休，事業單位仍應核准其申請，至於此時若勞工已屆強制退休年齡，雇主亦得予以強制退休。

（七）雇主以勞工受有期徒刑宣告確定為由，而終止勞動契約

行政院勞工委員會101年7月31日勞動四字第1010131995號函認為：勞工如已符合自請退休要件未為自請退休之意思表示前，雇主依法終止勞動契約，則毋庸勞工再提出自請退休，雇主即應依法發給勞工退休金，前經本會81年2月28日台(81)勞動三字第05213號函釋在案。本案勞工於退休金請求權時效消滅前，向雇主提出退休金給付之申請，雇主尚不得因雇主已依勞動基準法第12條規定終止勞動契約，而拒絕給付退休金。本會93年7月26日勞動三字第0930035707號書函停止適用。

（八）請領勞保老年給付是否即為申請退休？

勞工保險條例與本法是不同之法律規定及制度，不能混淆。因此行政院勞工委員會79年5月15日(79)台勞動三字第10873號函認為本法所定之退休金給予要件與勞工保險老年給付之請領要件不同，是則應探求當事人之真意後依個案事實認定，不宜僅就雇主代為請領老年給付即視為雇主同意或強制退休之意思表示。

（九）事業單位改組未留用之勞工

行政院勞工委員會81年9月29日(81)台勞動三字第30496號函認為事業單位改組未留用之員工，如已符合勞動基準法第53條自請退休要件，雖未自請退休，雇主仍應依同法第55條發給勞工退休金，而不應以資遣方式處理。

第54條（強制退休條件）

勞工非有下列情形之一，雇主不得強制其退休：

一、年滿六十五歲者。

二、身心障礙不堪勝任工作者。

前項第一款所規定之年齡，對於擔任具有危險、堅強體力等特殊性質之工作者，得由事業單位報請中央主管機關予以調整。但不得少於五十五歲。

解說

97年5月14日修正公布之條文，係將原規定60歲之年齡，提高至65歲。

　　施行細則第27條之規定，請參考第53條之介紹。而內政部75年12月24日(75)台內勞字第4641587號函認為勞動基準法施行細則第27條規定勞工之年齡以戶籍記載為準，故勞工受僱時依戶籍記載填寫其出生日期，嗣後再依變更後之戶籍資料更改出生日期，均難謂有勞動基準法第12條第1項第1款情形；惟事業單位依勞工自填之出生日期，以符合強制退休條件而強制其退休，自無不可。

　　本條文又於107年11月6日修正公布，但只是做文字修正，此乃是為了落實身心障礙者權利公約所揭示的平等與不歧視之規定，而將第1項第2款規定原來使用「心神喪失或身體殘廢不堪勝任工作者」之用語，修正為「身心障礙不堪勝任工作者」。又本次修正理由，另有提及，所謂身心障礙，並非僅限於身心障礙者權益保障法所規定領有身心障礙證明者，亦即，縱使未領有（或尚未取得）身心障礙證明，但事實上已因身心障礙而不堪勝任工作者，仍有本條文之適用。

（一）強制退休之權在雇主

　　司法院第7期司法業務研討會研討結論及司法院第一廳研究意見都認為勞工雖已符合強制退休之要件，但要不要強制退休，係雇主之權，勞工若提出申請，仍需經雇主同意始生退休之效力。

（二）與第11條第5款規定之不同

　　司法院第14期司法業務研討會認為本條文第1項第2款之規定，係指勞工在受僱期間，因故致「身體殘廢不堪勝任工作者」，雇主得強制退休，而第11條第5款規定，是指勞工之知識能力，「對於所擔任之工作確不能勝任時」，雇主得終止契

約。且依第55條第1項第2款規定，本條文第1項第2款之身體殘廢，不以因執行職務所致者為限。

（三）終止契約時勞工已符合退休條件之處理方式

內政部74年5月28日(74)台內勞字第298989號函認為事業單位依勞動基準法第11條之規定預告勞工終止勞動契約，其中已符退休規定者，應依下列方式處理：

1. 凡合於勞動基準法第53條自請退休要件之勞工有權隨時自請退休。

2. 凡合於勞動基準法第54條強制退休要件之勞工，雇主應依法予以強制退休，不得以資遣方式辦理。

又最高法院96年度台上字第1283號民事判決意旨，亦係同此見解。

（四）公傷復健期間不得強制退休

行政院勞工委員會76年9月24日(76)台勞動字第2301號函認為：

1. 勞動基準法第59條所稱醫療期間係指「醫治」與「療養」，而一般俗稱「復健」係指後續之醫治行為，是故所謂復健期間應視為醫療期間。

2. 勞動基準法第13條規定，勞工在第50條規定之停止工作期間或第59條規定之醫療期間，雇主不得終止契約。另同法第59條第2款規定，勞工在醫療中不能工作時，雇主應按其原領工資數額予以補償。本案○○公司勞工陳○○在復健期間，依前開規定廠方自不得強制其退休，並仍應照給工資。

3. 雇主強制勞工退休，法未明定預告期間，惟雇主宜依勞動基準法第16條規定之期間事前預告勞工。

（五）職業災害勞工保護法

依91年4月28日起施行之職業災害勞工保護法第23條第2款及第24條第1款之規定，如經公立醫療機構認定心神喪失或身體殘廢不堪勝任工作者，則雇主及職業災害勞工均可以終止勞動契約，但應預告並發給勞工退休金（該法§25、§26）。

第55條（退休金之給與標準）

勞工退休金之給與標準如下：

一、按其工作年資，每滿一年給與兩個基數。但超過十五年之工作年資，每滿一年給與一個基數，最高總數以四十五個基數為限。未滿半年者以半年計；滿半年者以一年計。

二、依第五十四條第一項第二款規定，強制退休之勞工，其身心障礙係因執行職務所致者，依前款規定加給百分之二十。

前項第一款退休金基數之標準，係指核准退休時一個月平均工資。

第一項所定退休金，雇主應於勞工退休之日起三十日內給付，如無法一次發給時，得報經主管機關核定後，分期給付。本法施行前，事業單位原定退休標準優於本法者，從其規定。

解說

退休金是供勞工度過後半段人生至為重要之基礎，舊制是適用本法之規定而由雇主給付一筆大額的退休金，但常有領

不到之勞資糾紛，甚至雇主會認為有違憲之嫌（但大法官釋字第578號解釋則認為不違憲）。故後來於94年7月1日施行勞工退休金條例（新制），改採平時就強迫儲蓄、累積退休金，以確保領得到之新制度。而隨著時間之經過，現在適用本法（舊制）者應已屬少數。

又勞工保險條例之老年給付，則又是另一制度，不能與退休金混淆、取代或扣抵。

本條文於104年2月4日修正公布時，就第3項規定增加「雇主應於勞工退休之日起三十日內給付」之規定。這是將原規定於施行細則第28條之規定，提升法律層次之效力而至本法中規定。

本條文又於107年11月6日修正公布，其理由請見第54條規定之說明。

（一）退休金之分期給付

本法第55條第3項所定雇主得報經主管機關核定分期給付勞工退休金之情形如下：

1. 依法提撥之退休準備金不敷支付。
2. 事業之經營或財務確有困難。（本法施§29）

（二）公務員兼勞工身分之退休金計算方法

內政部75年8月21日(75)台內勞字第429276號函認為公營事業單位勞工改變為原事業單位「公務員兼具勞工身分」者，若該事業單位適用之退休辦法，對於「勞工」部分年資與「公務員兼具勞工身分者」之年資，有併計退休金之規定，則依其規定辦理。若無併計規定者，則於其嗣後退休時發給退休金，其標準依不同身分階段分別計算，即屬於「勞工部分」之年

資，依勞動基準法辦理，屬於「公務員兼具勞工身分」之年資，依公務員法令規定辦理。

（三）平均工資

　　請見本書關於第2條工資及平均工資之說明。而因為某項給付是否應列為工資，會影響到平均工資（即每個基數的金額）的多寡，更進而影響退休金之多寡（尤其再乘以數十個基數之後）。且因為退休金會影響到退休勞工之生存難易程度，因此常發生勞資爭議。

（四）罰則

　　違反本條文之規定，依本法第78條第1項之規定，可處新臺幣30萬元以上150萬元以下罰鍰，並限期令其給付，屆期未給付者，應按次處罰。而且依本法第80條之1規定，應公布其事業單位或事業主之名稱、負責人姓名，並限期令其改善，若屆期未改善，則應按次處罰。

第56條（勞工退休準備金）

雇主應依勞工每月薪資總額百分之二至百分之十五範圍內，按月提撥勞工退休準備金，專戶存儲，並不得作為讓與、扣押、抵銷或擔保之標的；其提撥之比率、程序及管理等事項之辦法，由中央主管機關擬訂，報請行政院核定之。

雇主應於每年年度終了前，估算前項勞工退休準備金專戶餘額，該餘額不足給付次一年度內預估成就第五十三條或第五十四條第一項第一款退休條件之勞工，依前條計算之退休金數額者，雇主應於次年度三月底前一次提撥其差額，並送

事業單位勞工退休準備金監督委員會審議。

第一項雇主按月提撥之勞工退休準備金匯集為勞工退休基金，由中央主管機關設勞工退休基金監理委員會管理之；其組織、會議及其他相關事項，由中央主管機關定之。

前項基金之收支、保管及運用，由中央主管機關會同財政部委託金融機構辦理。最低收益不得低於當地銀行二年定期存款利率之收益；如有虧損，由國庫補足之。基金之收支、保管及運用辦法，由中央主管機關擬訂，報請行政院核定之。

雇主所提撥勞工退休準備金，應由勞工與雇主共同組織勞工退休準備金監督委員會監督之。委員會中勞工代表人數不得少於三分之二；其組織準則，由中央主管機關定之。

雇主按月提撥之勞工退休準備金比率之擬訂或調整，應經事業單位勞工退休準備金監督委員會審議通過，並報請當地主管機關核定。

金融機構辦理核貸業務，需查核該事業單位勞工退休準備金提撥狀況之必要資料時，得請當地主管機關提供。

金融機構依前項取得之資料，應負保密義務，並確實辦理資料安全稽核作業。

前二項有關勞工退休準備金必要資料之內容、範圍、申請程序及其他應遵行事項之辦法，由中央主管機關會商金融監督管理委員會定之。

解說

　　為確保勞工退休時能領到退休金，所以本法規定雇主應按月提撥勞工退休準備金。而每月之提撥比率，舊條文係授權中央主管機關擬訂，但於104年2月4日修正公布時，則明文規定

為2%至15%之範圍內。

（一）施行細則

於104年12月9日增訂第29條之1規定，本法第56條第2項規定之退休金數額，按本法第55條第1項之給與標準，依下列規定估算：

1. 勞工人數：為估算當年度終了時適用本法或勞工退休金條例第11條第1項保留本法工作年資之在職勞工，且預估於次一年度內成就本法第53條或第54條第1項第1款退休條件者。
2. 工作年資：自適用本法之日起算至估算當年度之次一年度終了或選擇適用勞工退休金條例前一日止。
3. 平均工資：為估算當年度終了之一個月平均工資。

前項數額以元為單位，角以下四捨五入。

（二）罰則

雇主若違反本條文之規定，則依本法第79條第3項之規定，處新臺幣2萬元以上30萬元以下之罰鍰，而且依本法第80條之1規定，應公布其事業單位或事業主之名稱、負責人姓名，並限期令其改善，若屆期未改善，則應按次處罰。

（三）所有權歸屬問題

最高法院82年度台上字第1975號民事判決認為事業單位以其勞工退休準備金監督委員會之名義，將其勞工退休準備金存儲於中央信託局，則於存儲時，該準備金錢款之所有權已移轉於中央信託局，在中央信託局依法令規定返還事業單位前，該存儲之勞工退休準備金尚非屬事業單位所有。但最高法院84年度台上字第73號民事判決卻認雇主提撥之退休準備金，在支用前，自仍由雇主保有其財產上權利，僅其處分權受限制而已。

第57條（勞工年資之計算）
勞工工作年資以服務同一事業者為限。但受同一雇主調動之
工作年資，及依第二十條規定應由新雇主繼續予以承認之年
資，應予併計。

解說

本條文係規定工作年資之計算原則，茲分述如下：

（一）「同一事業」之定義

內政部75年12月26日(75)台內勞字第464100號函認為「同
一事業」是指同一事業單位，涵蓋總機構及分支機構。

（二）學徒習藝時間

內政部75年4月22日(72)台內勞字第392723號函認為，內
政部72年6月27日(72)台內勞字第63474號函：「學徒習藝時
間，除另有約定外，免予合併計算年資」之規定，於本法施
行後仍可適用，但行政院勞工委員會77年1月25日台(77)勞動
三字第01094號函則認為若公司僱用學徒有依工廠法訂立契約
送主管機關備案，則依內政部72年6月27日函，若未符合該規
定（工廠§56），則應視同一般勞工，年資自入廠時起算。
（註：這是當時函釋的理由，而工廠法已於107年11月21日廢
止）

（三）調動

行政院勞工委員會78年5月24日(78)台勞動三字第12178號
函認為勞工如果由不適用本法之單位調至適用本法之單位，其
工作年資不予併計，除非勞資雙方有併計之約定或事業單位有
併計之規定。因此勞資雙方遇有此類情形，最好事先言明約定

是否併計，免生糾紛。

（四）實體同一性之雇主，年資應合併計算

　　最高法院109年度台上字第690號民事判決即認為，按企業集團內含多數法人，雖勞工僅與其中一企業法人簽約，然該集團之母公司或屬家族企業之其中一公司對集團或家族企業內之員工有指揮、監督、調職等人事管理決策權，勞工不得拒絕母公司或任一公司人事指揮，是該勞工之年資、調動或工作性質，應就集團內之企業一體觀察，綜合判斷，而不能單就與之簽約之法人為判斷，以免企業集團藉此規避勞基法相關規定之適用。查德雄等三公司係家族關係企業，營運形態同為運送託運人交付之貨物，給付司機報酬時，亦未區分係何家公司而合為計算，業務相通，利益互享，為具實體同一性之法人，工作年資應合併計算（另可參照100年度台上字第1016號、107年度台上字第1057號等民事判決）。

（五）勞工在營服役期間

　　行政院勞工委員會82年9月4日台(82)勞動一字第48513號認為應予併計。

第58條（請領退休金請領時效及其權利不得讓與、抵銷、扣押或供擔保）
勞工請領退休金之權利，自退休之次月起，因五年間不行使而消滅。
勞工請領退休金之權利，不得讓與、抵銷、扣押或供擔保。
勞工依本法規定請領勞工退休金者，得檢具證明文件，於金

融機構開立專戶，專供存入勞工退休金之用。

前項專戶內之存款，不得作為抵銷、扣押、供擔保或強制執
行之標的。

解說

公務人員退休法第14條規定請領退休金之權利，不得扣
押、讓與或供擔保，而本法舊條文關於勞工請領退休金之權利
並無相同或類似之規定（第56條之規定與此不同），但行政院
勞工委員會81年9月30日(81)台勞動三字第31200號函認為勞工
退休金乃勞工長期工作後由雇主發給以維持退休生活之費用，
故退休金請求權依其性質應不得讓與、抵銷、扣押或擔保。不
過，司法院第一廳79年6月8日(79)廳民二字第461號函認為勞
工請領退休金之權利，並無禁止扣押之明文，自得為強制執行
之標的（即扣押、領取）。由此可見，勞工退休金之保障較
少，故引發不公平、甚至違憲之爭議（但大法官釋字第596號
解釋則認為不違憲）。

尤其依94年7月1日起施行的勞工退休金條例第29條之規
定：「勞工之退休金及請領勞工退休金之權利，不得讓與、扣
押、抵銷或供擔保」，相形之下，適用退休金舊制（即勞動
基準法）之勞工，就此部分之保障，自有不足，且更顯得不公
平。

直到104年7月1日修正公布本法第58條，於第2項規定：
「勞工請領退休金之權利，不得讓與、抵銷、扣押或供擔
保」，更於第3、4項規定領取退休金後存入金融機構之專戶
者，該專戶內之款項，亦不得作為抵銷、扣押、供擔保或強制
執行之標的，終於解決了此項長久以來的爭議。

　　為使勞雇間之權利義務關係早日確定，勞工請領退休金之權利不宜久懸，所以有本條文之規定，正所謂「法律不保護在權利上睡覺之人」。而勞工若於五年間未行使權利，則於五年屆滿後，雇主自得拒絕給付（民§144），當然，雇主若仍願給付，自無不可。

　　若公司有自訂辦法，讓不符合自請退休條件但希望提早退休之勞工也可以領取離職金，因為此項給付之性質與退休金相似，故應「類推適用」本條文之規定而認請求權時效只有五年，不是十五年（請參照最高法院108年度台上字第1743號民事判決）。

第七章
職業災害補償

第59條（職業災害之補償方法及受領順位）

勞工因遭遇職業災害而致死亡、失能、傷害或疾病時，雇主應依下列規定予以補償。但如同一事故，依勞工保險條例或其他法令規定，已由雇主支付費用補償者，雇主得予以抵充之：

一、勞工受傷或罹患職業病時，雇主應補償其必需之醫療費用。職業病之種類及其醫療範圍，依勞工保險條例有關之規定。

二、勞工在醫療中不能工作時，雇主應按其原領工資數額予以補償。但醫療期間屆滿二年仍未能痊癒，經指定之醫院診斷，審定為喪失原有工作能力，且不合第三款之失能給付標準者，雇主得一次給付四十個月之平均工資後，免除此項工資補償責任。

三、勞工經治療終止後，經指定之醫院診斷，審定其遺存障害者，雇主應按其平均工資及其失能程度，一次給予失能補償。失能補償標準，依勞工保險條例有關之規定。

四、勞工遭遇職業傷害或罹患職業病而死亡時，雇主除給與五個月平均工資之喪葬費外，並應一次給與其遺屬四十個月平均工資之死亡補償。其遺屬受領死亡補償之順位

如下：

（一）配偶及子女。

（二）父母。

（三）祖父母。

（四）孫子女。

（五）兄弟姐妹。

解說

　　本條文係規定勞工遭遇職業災害時，雇主應如何補償。但依91年4月28日起施行之職業災害勞工保護法第7條之規定，雇主對於勞工因職業災害所致之損害，已非補償責任而已，而是應負賠償責任，若雇主能證明無過失時，才例外地毋需賠償。因此，就職業災害之情形，務請同時參考職業災害勞工保護法之相關詳細規定。

　　本條文於107年11月6日修正公布，此乃是為落實身心障礙者權利公約所揭示的平等與不歧視之規定，而將原來條文內所使用的「殘廢」用語，修正為「失能」或「障害」。

　　又為更保護受到職業災害之勞工，於110年4月30日制定公布勞工職業災害保險保護法，並於111年5月1日施行，請另行參考之。

（一）施行細則

1.補償工資之發給日期

　　雇主依本法第59條第2款補償勞工之工資，應於發給工資之日給與（本法施§30）。

2. 原領工資定義

本法第59條第2款所稱原領工資,係指該勞工遭遇職業災害前一日正常工作時間所得之工資。其為計月者,以遭遇職業災害前最近一個月工資除以三十所得之金額為其一日之工資。

罹患職業病者,依前項計算所得金額低於平均工資者,以平均工資為準(本法施§31)。

3. 喪失原有工作能力補償之給付期限

依本法第59條第2款但書規定給付之補償,雇主應於決定後十五日內給與。在未給與前雇主仍應繼續為同款前段規定之補償(本法施§32)。

4. 喪葬費、死亡補償之給付期限

雇主依本法第59條第4款給與勞工之喪葬費應於死亡後三日內,死亡補償應於死亡後十五日內給付(本法施§33)。

5. 同一事故費用補償之負擔

本法第59條所定同一事故,依勞工保險條例或其他法令規定,已由雇主支付費用補償者,雇主得予抵充之。但支付之費用如由勞工與雇主共同負擔者,其補償之抵充按雇主負擔之比例計算(本法施§34)。

6. 平均工資與投保薪資之差額

勞工因遭遇職業災害而致死亡或失能時,雇主已依勞工保險條例規定為其投保,並經保險人核定為職業災害保險事故者,雇主依本法第59條規定給予之補償,以勞工之平均工資與平均投保薪資之差額,依本法第59條第3款及第4款規定標準計算之(本法施§34-1)。

（二）罰則

雇主若違反本條文之規定，則依本法第79條第1項第1款之規定，處新臺幣2萬元以上100萬元以下之罰鍰，而且依本法第80條之1規定，應公布其事業單位或事業主之名稱、負責人姓名，並限期令其改善，若屆期未改善，則應按次處罰。

（三）職業災害之定義

因為本法對此未設定義，所以司法實務都是援用職業安全衛生法第2條第5款之規定，即指因勞動場所之建築物、機械、設備、原料、材料、化學品、氣體、蒸氣、粉塵等或作業活動及其他職業上原因引起之工作者疾病、傷害、失能或死亡。

（四）上下班途中受傷

此部分之認定頗有爭議，請各位讀者另行參考：勞動部所訂「勞工保險被保險人因執行職務而致傷病審查準則」之詳細規定。惟請特別注意，法院之實務判決對此亦有不同之見解，亦即有的判決認為可以採用該準則規定以作為判斷之基礎，有的判決則認為上下班途中之交通環境並非雇主所能掌握，故雇主毋須就勞工上下班途中所發生之事故，負擔職災之責任。

以下分別說明之：

1. 應經途中及合理途徑發生發生之事故

依上開審查準則第4條規定，於上下班途中應經途中所發生之事故，另依該準則第9及10條於因公出差或參加活動時於合理途徑所發生之事故，均屬於職業災害。

2. 回廠補打卡

內政部74年3月19日(74)台內勞字第300260號函認為勞工下班返家途中發覺未打下班卡，欲回廠補打卡途中被車撞傷，

倘若發生車禍之地點是在回廠必經之途，則應可視同下班必經途中所發生之職業災害。

3. 用餐時間外出

內政部勞工司74年7月31日(74)勞司發字第1098號函及內政部75年11月21日(75)台內勞字第455707號函都認為勞工在中午用餐休息時間返家或外出，而於返回公司上班途中發生事故，難謂因公受傷，惟應酌情予以照顧，以示雇主對於勞工之關愛。但是，司法院第14期司法業務研究會司法院第一廳研究意見認為公司如有供應用餐且規定員工均應在公司內用餐，則擅自離開公司在外用餐之勞工發生事故，應不屬職業災害，如果公司未供應用餐，員工得自行外出用餐，則勞工外出進餐時發生車禍死亡，應屬職業災害。且行政院勞工委員會77年10月18日(77)台勞安三字第21100號函認為勞工於中午休息時間為必要之外出用餐，於往返必經途中，其非出於私人行為所發生之傷害事故，比照職業災害處理。

4. 休息後再返家

內政部74年8月28日(74)台內勞字第333993號函認為勞工下班後在宿舍休息一段時間後再返家，於途中發生車禍，因非屬「上下班時間」所生之事故，難謂為「職業災害」，但雇主仍宜酌情予以照顧。行政院勞工委員會78年9月25日(78)台勞保二字第23221號函亦同此見解。

5. 假期結束返廠工作

內政部76年1月12日(76)台內勞字第468950號函認為勞工於假期終了，由住所至事業單位上班途中發生之災害，在不違反交通法令下，應屬職業災害。行政院勞工委員會78年9月25日(78)台勞保二字第23221號函亦同此見解。

6. 打卡後進入工廠即跌傷

　　行政院勞工委員會76年8月26日(76)台勞安字第0547號函認為勞工於打卡後進入工廠內跌倒受傷，屬於就業場所內引起之災害，應視為職業災害。

7. 無照駕駛

　　內政部60年7月3日台內勞字第425073號函及行政院勞工委員會76年8月31日(76)台勞動字第0515號函都認為勞工於請假騎機車返家途中撞及他車受傷，難謂因公受傷，而工人上下班必經途中發生車禍，於鑑定結果係因肇禍當事人未顧及安全或係違反交通規則（無照駕駛）時，亦不得視為公傷處理。

　　上開審查準則第18條規定，則有列舉包括無照駕駛在內之數種違規事項，不得視為職業災害，請讀者另行參考注意。

8. 赴車站搭車

　　行政院勞工委員會76年9月2日(76)台勞動字第1558號函認為勞工由家中赴車站搭車，如確為上班行為，則於途中發生車禍，應可視為職業災害處理。

9. 休息時間外出

　　行政院勞工委員會77年1月26日(76)台勞安三字第11237號函認為勞工於休息時間外出返回公司上班途中發生之事故，難謂職業災害。

10. 返回戶籍地

　　行政院勞工委員會77年3月29日(77)台勞安三字第03540號函認為勞工下班後返回戶籍地，翌日趕返上班必經途中發生車禍，如該戶籍地為日常居住之處所，且無違反法令情事，應屬職業災害。

11.加班後逗留廠內再回家

行政院勞工委員會77年5月29日(75)台勞安三字第09703號函認為勞工於加班後，逗留廠內再返家，如該期間所為之行為係為雇主而為之行為，且車禍是在上下班必經途中發生，應屬職業災害。

12.搭乘交通車

行政院勞工委員會77年7月14日(77)台勞安三字第14756號函認為勞工於公司內搭乘交通車發生車禍，視同下班必經途中發生之職業災害。

13.上下班時間摔傷

行政院勞工委員會77年11月3日(77)台勞動二字第24201號函認為勞工於值勤時間內摔傷，應屬職業災害。至於上下班在適當時間內於必經途中發生之摔傷，如非出於私人行為或違反交通法令者，亦屬職業災害；勞工若符合上開規定，於醫療或休養期間，應給予公傷假。

14.交通阻塞繞道行駛

行政院勞工委員會78年2月16日(78)台勞安三字第02443號函認為勞工上下班途中發生事故，如係在適當時間，以適當交通方法，在必經途中非出於勞工私人行為者，應屬職業災害。勞工於上班途中，因交通壅塞致繞道行駛發生事故，是否屬職業傷害，審核時應就其起點、終點、經路、交通方法、時間、脫離行為及中斷行為等各項因素，詳細查證事實後，作正確合理的認定。另勞工原住公司宿舍，其上下班必經途中，應指宿舍至公司間之途中，若其外出至另一勞工住宅處接送其上班，除受雇主之命接送外，照私人行為，應不屬職業傷害。

15.因事外宿於非日常住所

　　行政院勞工委員會78年5月1日(78)台勞保二字第10260號函認為依「勞工保險被保險人因執行職務而致傷病審查準則」第5條規定，被保險人於上下班時間應經途中發生事故而致之傷害，其非出於私人行為者，視為職業傷害。係指被保險人為上班及下班，從日常居住處所到工作場所之間，在適當的時間內以適當的交通方法，在必經途中所發生的事故而言。所稱日常居住之處所是指勞工習慣上居住之處所，即勞工於每日上下班往返之自宅，或宿舍而言。故被保險人下班後，因事外宿於非上開之日常居住處所所發生之事故，勞工保險不予職業傷病給付。

16.繞道至附近加油站

　　行政院勞工委員會78年5月5日(78)台勞動三字第100219號函認為勞工於下班返家途中，因該必經途中無加油站，必須繞道至附近加油站加油，加油後返家必經途中發生車禍，如未違反交通法令，應可視同職業災害。

17.無照駕駛但已於路邊步行

　　行政院勞工委員會78年7月27日(78)台勞動三字第14932號函認為勞工係無照駕駛，雖於下班途中因機車熄火於路邊步行之際遭他車撞及受傷，惟其無照駕駛之行為已顯有犯意，依本會76年8月31日(76)台勞字第0515號函，應不屬勞工安全衛生法第2條所稱職業災害。至勞保給付部分，請依「勞工保險被保險人因執行職務而致傷病審查準則」有關規定辦理。

18.下班後前往醫院照顧家人

　　行政院勞工委員會78年8月11日(78)台勞安三字第19255號函認為勞工於下班後必須前往醫院照料罹患肺癌之配偶，於途

中滑倒受傷，得視為勞工上下班必經途中所發生意外事故，如無違反交通法令，應屬職業災害。

19.提早到公司上班

　　行政院勞工委員會78年8月22日(78)台勞安三字第19607號函認為勞工如因於凌晨3時擔任檢修隊測漏工作，而經常提前於晚上9時前往公司，則其行為與執行職務有關，於上班必經途中發生車禍致死，如非出於私人行為及違反交通法令者，應屬職業災害。

20.搭乘他人之汽車

　　行政院勞工委員會78年10月12日(78)台勞安三字第23763號函認為勞工於上班時間必經途中因搭乘他人所駕駛之汽車，發生車禍而致受傷，如該勞工本人無違反法令，應屬職業災害。

21.欲開車上班但滑倒受傷

　　行政院勞工委員會79年4月17日(79)台勞安三字第07668號函認為勞工在其住所之地下室車庫欲開車上班時，在地下室樓梯口滑倒受傷，因仍屬其住所之設備活動範圍內，應非屬職業災害。

22.至郵局提領薪資

　　行政院勞工委員會78年3月25日(78)台勞安三字第03740號函認為勞工之薪資如經勞雇雙方約定存入郵局之勞工帳戶，則勞工於休息時間至郵局提領薪資，屬私人行為，於往返途中發生事故，應不關職業災害。

23.配有宿舍但仍住於自宅

　　行政院勞工委員會79年9月14日(79)台勞安三字第20756號函認為勞工配有公司宿舍，惟實際居住於自有住宅，則該自有

住宅視為日常居住處所。勞工自日常居住處所往返公司必經途中發生事故，如係在適當時間，以適當交通方法，其非出於勞工私人行為及無違反交通法令者，應屬職業災害。

（五）屬於職業災害之情形

1. 駕駛人員行車肇事

內政部75年7月22日(75)台內勞字第421913號函認為駕駛人員行車肇事受傷，係勞工安全衛生法第2條（現為職安法§2）所稱因作業活動及職業上原因引起之傷害，屬職業災害，自應依勞動基準法第59條規定予以職業災害補償，並依勞工請假規則第6條規定給予公傷病假。又內政部76年7月14日(75)台內勞字第518263號函認為「公務員兼具勞工身分者之請假、職業災害公傷假等，依勞動基準法規定為原則，但公務員法令有較優規定者從其規定。」前經本部會商有關單位獲致結論在案。勞工請假規則第6條規定：「勞工因職業災害而致殘廢、傷害或疾病者，其治療、休養期間，給予公傷病假。」此公傷病假之給予規定，並不以勞工之無過失為前提，是以，台汽公司士級駕駛員因職業災害而致傷殘，其公傷病假，除公務員法令有較優規定者外，應依勞工請假規則第6條規定辦理。

2. 如廁受傷

依上開審查準則第7條規定，勞工於工作時間中，基於生理需要於如廁或飲水時發生事故，屬於職業傷害。

3. 如廁時被蛇咬傷

行政院勞工委員會88年3月8日勞動三字第007615號函，認為勞工在工作時間於草叢中如廁被蛇咬傷致死，應視為職業災害，雇主除應依勞動基準法第59條第4款規定給與五個月平均

工資之喪葬費外，並應一次給與其遺屬四十個月平均工資之死
亡補償。

4. 自宿舍樓上摔下

內政部75年11月24日(75)台內勞字第455709號函認為勞工
如自宿舍樓上摔下，係因宿舍本身設施不當所致者，以職業災
害論之。

5. 洽請同事代理值日而受傷

內政部76年1月12日(75)台內勞字第468950號函認為本案
勞工於病假期間，如確接獲單位之主管之通知，輪派病假期滿
次日即值日，且確因欲洽請同仁代理值日而返回公司，於途中
發生車禍受傷，則與處理公務有關。雖於請假期間受傷，仍得
視為職業災害給予公傷假。

6. 上班時間內腦中風

內政部76年1月27日(76)台內勞字第474808號函認為勞工
於上班時間內因感身體不適，自行前往醫院經診斷似輕微腦中
風，需住院，如該病症足以證明與工作具有因果關係，仍屬職
業災害；其治療、休養期間，依勞工請假規則第6條規定，該
公司自應給予公傷病假。

7. 在公司提供之浴室沐浴發生之災害

行政院勞工委員會76年9月16日(76)勞動字第2112號函認
為適用勞動基準法事業單位之勞工，於下班打卡後在事業單
位所提供之浴室洗澡，突發腦血管病變，送醫不治死亡，經台
閩地區勞工保險監理委員會審核准予比照職業傷病致死核發勞
保死亡給付，雇主應依勞動基準法第59條規定予以職業災害補
償。又行政院勞工委員會79年6月1日(79)台勞安三字第11520號
函認為事業單位住宿勞工於下班後在宿舍洗澡遭熱水燙傷，如

該宿舍為雇主管理，且因設施之缺陷而發生災害，則屬職業災害。

8. 工作中遭堆高機壓傷

行政院勞工委員會77年6月23日(77)台勞安三字第13057號函認為勞工於就業場所內遭受行進中之堆高機壓傷，應屬勞工安全衛生法第2條所稱之職業災害。

9. 於飲水機盛開水而燙傷

行政院勞工委員會77年7月18日(77)台勞安三字第14854號函認為勞工於上班時間內前往飲水機盛開水而燙傷，應屬勞工安全衛生法第2條（現為職安法§2）所稱之職業災害。又，依上開審查準則第7條之規定，此種情形應係屬於職業傷害。

10.值夜時遭歹徒捆綁

行政院勞工委員會79年4月3日(79)台勞安三字第07165號函認為勞工值夜時發生搶案，遭歹徒綑綁，發生背部宿疾復發，如該病症與本案間具有相當因果關係，則屬職業災害。

11.因就業場所地上油污而滑倒

行政院勞工委員會79年8月24日(79)台勞安三字第19864號函認為本案勞工於就業場所內因地上油污，致騎機車滑倒受傷，應屬職業災害。

12.遭屬下施暴而受傷

最高法院95年度台上字第1805號判決意旨認為：勞基法對於何謂職業災害，雖無定義性規定，惟參照勞工安全衛法第2條第4項（現為職安法§2④）規定，職業災害應包括勞工：(1)因建築物、設備、原料等作業場所或存在於作業場所之物質而引起之傷亡；(2)因作業活動而引起之傷亡；及(3)其他職業上原因引起之傷亡。苟上訴人確係於執行職務之際遭受其指揮因

監督之工人施以暴力而受傷，可否謂上訴人非因作業活動或其他職業上原因受傷而不屬職業災害，非無進一步推求餘地。」

13.因從事伴隨原定勞務給付之作業活動所衍生之行為而受傷

於最高法院98年度台上字第2377號民事判決之案例，該勞工之職務雖是模具之製作，但為改善作業環境而臨時去從事排風設備之安裝，因而不幸受傷，該判決認為屬於職災。

（六）不屬於職業災害之情形

1. 參加無關之會議而發生意外事故

內政部75年6月16日(75)台內勞字第412006號函認為公營事業單位之勞工，如參加非所在公營事業單位產業工會以外之職業工會，並當選為其理監事，於值班（勤）後之公休期間出席職業工會會議，不幸發生意外事故，因其活動與原事業單位無關，不宜以職業災害論之。另如係參加事業單位本身之會議，所生之意外事故，自應屬職業災害。又行政院勞工委員會78年10月20日(78)台勞安三字第25245號函工會理監事於赴上級工會參加開會，在家發動機車倒地壓傷腳趾，因其活動與原事業單位無關，不宜以職業災害論。

2. 參加非雇主舉辦之旅遊發生事故

行政院勞工委員會77年6月28日(77)台勞安三字第10704號函認為勞工參加職工福利委員會舉辦之旅遊活動，於途中發生事故，如該項活動非受雇主之命而參加者，不屬職業災害。

3. 與其他勞工爭吵而受傷

行政院勞工委員會77年8月19日台(77)勞安三字第18048號函認為勞工於事業單位內與另一勞工爭吵，而被該勞工故意用藥水使眼睛發生灼傷案，依內政院73年12月13日(73)台內勞字

第278912號函係肇因於加害人之犯罪行為，尚非屬職業災害。又行政院勞工委員會79年5月23日(79)台勞安三字第10980號函認為勞工於上班前因班車交接問題，與同事理論不慎挫傷，其傷害乃肇因於加害人個人之行為，尚難以職業災害論。

但依最高法院105年度台上字第156號民事判決，該位擔任勞工安全衛生管理員之勞工，於工作中與另一位同事起爭執而遭打傷，判決見解則認為係屬職業災害。

4. 客運司機利用班車空檔時間外出發生意外

行政院勞工委員會79年1月22日(79)台勞安三字第31470號函認為汽車客運公司之勞工利用班車空檔時間，返家或外出，於途中發生意外，如與執行職務無關，非屬職業災害。

（七）職業災害另有肇事者且已賠償

勞工因上下班途中發生車禍，被第三人車輛撞死（過失責任為該司機），且該肇事司機已向勞工家屬賠償，則公司可否拒絕補償或主張抵充補償？司法院第14期司法業務研究會司法院第一廳研究意見認為公司仍應依本條文之規定為補償，其理由為：民法第228條規定，「關於物或權利之喪失或損害，負賠償責任之人，得向損害賠償請求權人請求讓與基於其物之所有權，或基於其權利對於第三人之請求權。」依本條規定，因讓與請求權所得讓與之標的，以基於該物之所有權，或基於其權利對於第三人之請求權為限。

若基於損害賠償請求權人對於第三人之特殊關係所生請求權，則不得請求讓與。勞工對肇事司機請求賠償係基於侵權行為損害賠償請求權而來，對公司請求補償係基於勞動關係依勞動基準法第59條第4項之規定而為請求，兩者之義務性質迥然

188

不同，肇事司機不得向勞工請求讓與其對公司之請求權，公司亦不得請求勞工讓與其對司機之請求權，因此，肇事司機縱已為賠償，公司仍應依勞動基準法第59條第4項之規定為補償。

（八）肇事者為其他勞工

勞工發生職業災害是因其他勞工過失行為所造成，則該受傷之勞工可否主張雇主應依民法第188條之規定負連帶損害賠償責任？司法院第7期司法業務研究會司法院第一廳研究意見認為：雇主依勞動基準法第59條規定所負之補償責任，係法定之補償責任，並不排除雇主依民法規定應負之侵權行為賠償責任，此由該法第50條規定「雇主依前條規定給付之補償金額，得抵充就同一事故所生損害之賠償金額」而自明。雇主對受傷之勞工除依勞動基準法第59條規定予以補償外，並應依民法第188條規定就其他勞工之侵權行為連帶負損害賠償責任，惟得以補償金額抵充損害賠償金額。

（九）復健屬醫療期間，不得終止契約

行政院勞工委員會76年9月24日(78)台勞動三字第2301號函認為勞動基準法第59條所稱醫療期間係指「醫治」與「療養」，而一般俗稱「復健」係指後續之醫治行為。是故所謂復健期間應視為醫療期間。勞動基準法第13條規定，勞工在第50條規定之停止工作期間或第59條規定之醫療期間，雇主不得終止契約。另同法第59條第2款規定，勞工在醫療中不能工作時，雇主應按其原領工資數額予以補償。勞工若尚在復健期間，依前開規定廠方自不得強制退休，並仍應照給工資。雇主強制勞工退休，法未明定預告期間，惟雇主宜依勞動基準法第16條規定之期間事前預告勞工。

（十）給付工資補償或殘廢補償，並非終止契約

雇主依本條文第2款規定一次給付四十個月之平均工資或依第3款規定一次給予殘廢補償後，勞動契約並未隨之而終止，如果雇主想終止勞動契約，仍應另依本法第11條第5款規定預告勞工並給付資遣費，或依第54條第2款之規定強制退休並發給退休金。內政部74年12月21日(74)台內勞字第370660號函、內政部75年1月21日(75)台內勞字第374797號函、內政部勞工司75年8月20日勞司發字第11487號函、內政部75年10月18日(75)台內勞字第438324號函、行政院勞工委員會81年5月21日(81)台勞動三字第14895號函均同此見解。

（十一）已領取勞保老年給付再發生職業災害

如同本書關於「退休」部分的介紹，勞工請領勞保老年給付，不見得就算是已經退休，而內政部76年6月4日(76)台內勞字第510477號函認為勞工於領取勞保老年給付後，若再受僱從事勞動工作，雖經切結如發生災害願自行負責，但如發生職業災害，仍應依勞動基準法第59條規定辦理。

（十二）雇主於免除工資補償責任後，勞工仍在醫療期間

行政院勞工委員會78年5月30日(78)台勞資二字第11389號函認為依內政部74年12月21日台內勞字第370660號函釋，雇主於免除工資補償責任後，勞工如仍在醫療期間，雇主非有本法第13條但書規定情形，仍不得終止契約。

（十三）計月者之工資

行政院勞工委員會79年3月24日(79)台勞動三字第29610

號函認為按勞動基準法施行細則第31條第1項規定：「本法第五十九條第二款所稱原領工資，係指該勞工遭遇職業災害前一日正常工作時間所得之工資。其為計月者，以遭遇職業災害前最近一個月工資除以三十所得之金額為其一日之工資。」關於前揭後段計月者之工資，係指為計算該（月）段一日之正常工作時間所得工資，如勞工之工資結構中有同法第2條第3款所列計月工資（即每月不論出勤狀況固定給與之部分，亦屬正常工時所得），應除以三十再加計正常工作時內應得之時薪或日薪之意。

（十四）在我國境內之外國公司僱用外籍勞工

行政院勞工委員會79年7月26日(79)台勞安三字第16721號函認為非我國籍事業單位僱用非我國籍勞工，如在我國領域管轄範圍內發生事故，且符合勞工安全衛生法（現為職安法）第2條第4項、第4條及同法施行細則第38條規定者，自應認定為職業災害，並實施職業災害檢查，依法處理。

（十五）受傷後至另一新公司上班

行政院勞工委員會79年8月22日(79)台勞動二字第19867號函認為勞工於原事業單位因公受傷，嗣後離職受僱於新事業單位，如因同一傷病事故必須繼續治療，因已終止與原事業單位之勞動契約，自無由要求其負擔治療期間工資。至於該期間中與新事業單位間之權利、義務，可依勞工請假規則之病假規定辦理。

（十六）雇主可否要求醫院及勞工出具診斷證明？

司法院第14期司法業務研究會司法院第一廳研究意見認

為：按醫師除受衛生、治安、司法或司法警察等機關詢問或委託鑑定外，對於因業務而知悉他人之秘密，不得無故洩漏，醫師法第22條、第23條及該法施行細則第6條有明文規定。雇主非此等機關，亦非受醫療之當事人或其親屬，醫院自無對之出具受診勞工診斷證明書之義務。惟依勞動基準法第59條第2款之規定意旨，勞工經醫療滿二年雖未痊癒，但若並未喪失其原有工作能力者，雇主既有繼續按勞工原領工資數額予以補償之義務，自亦應許其有要求勞工提出未喪失原有工作能力證明之權利。倘勞工經要求未能提出其未喪失原有工作能力之診斷證明書，雇主即得依該條款但書規定，一次給付四十個月之平均工資後，免除其對勞工繼續為工資補償之責任。

（十七）勞工並非只能請求二年之工資補償

最高法院93年度台上字第170號民事判決意旨即採此見解。且該判決認為勞工主動請求雇主一次給付四十個月之平均工資，以免除雇主之工資補償責任，對雇主並無不利，故准許之。

（十八）縱將受傷勞工改派從事較輕便之工作，雇主仍應就工資差額負補償責任

最高法院95年度台上字第323號民事判決即揭示：「按勞基法第59條第2款所稱『勞工在醫療中不能工作』，係指勞工於職業災害醫療期間不能從事勞動契約所約定之工作。勞工並無從事勞動契約所約定以外工作之義務，故雇主如欲使勞工從事其他非勞動契約所約定之工作，應與勞工協商。如勞工已能從事較輕便之工作，其從事非勞動契約所約定之工作獲得之報酬，雇主得自勞工原領工資數額扣除，僅就餘額為補償，而非

謂勞工因此已無職業災害工資補償之請求權。」

（十九）雇主不能主張過失相抵

因雇主對勞工之保護係採較重之無過失責任，亦即縱使雇主沒有過失，但基於照顧勞工不致陷入貧困之意旨，仍應依法補償。且縱使發生職災之勞工與有過失（例如：打瞌睡），雇主仍不能主張過失相抵，亦即不能減輕其責任。

最高法院93年度台上字第170號、95年度台上字第2542號、107年度台上字第958號等民事判決意旨，亦揭示此見解，可資參照。

但因請求賠償之範圍較補償為大（例如：精神慰撫金、扶養費），所以勞工或家屬通常會另依民法第184條或職業災害勞工保護法第7條之規定而請求損害賠償，而就此部分則有過失相抵之適用（民§217；最高法院108年度台上字第555號民事判決參照）。

（二十）補償金並非工資（即不得計入平均工資）

行政院勞工委員會87年11月19日台(87)勞動三字第050602號函，認為勞工在醫療中不能工作，雇主依勞動基準法第59條第2款規定，按原領工資數額予以補償，係補償金性質，非屬工資，有關免稅疑義，因係屬財政部業務職掌，請逕向該部洽詢。

（二一）技術生輪調在校期間

行政院勞工委員會84年7月28日台(84)勞動三字第125667號函，認為依勞動基準法施行細則第39條規定：「技術生之工作時間應包含學科時間。」本案輪調式建教合作技術生於職業

災害醫療期間，又輪調回校，其在校期間，依上開規定，應視同勞動基準法第59條第2款所稱勞工在醫療中不能工作時，雇主應按其原領工資數額予以補償。

（二二）勞工可否主動請求一次給付四十個月之平均工資、而使雇主免除此項工資補償責任？

最高法院96年度台上字第492號、100年度台上字第1180號等民事判決，均認對雇主而言，並無不利，故採肯定之見解。

（二三）於借牌承攬時，出借名義之事業單位應負責

最高法院102年度台上字第627號民事判決，就此情形即闡釋下列之意旨：按勞基法第59條規定之職業災害補償，乃對受到「與工作有關傷害」之受僱人，提供及時有效之薪資利益、醫療照顧及勞動力重建措施之制度，其宗旨在使受僱人及受其扶養之家屬不致陷入貧困之境，造成社會問題，以維護勞動者及其家屬之生存權，並保存或重建個人及社會之勞動力，即係為保護受僱之被害人及其家屬而設，與民法第188條規定之僱用人責任同，非在對違反義務、具有故意過失之雇主加以制裁或課以責任。是以勞基法所稱雇主或民法所稱僱用人，均應從寬解釋，不以事實上有勞動或僱傭契約者為限，凡客觀上被他人使用，為之服勞務而受其監督者，均係受僱人。又將營業名稱借與他人投標工程使用，其內部固僅係對於未具有信用或營業資格者，借與信用或資格，惟不論其間目的係為達逃避僱用人責任所為之脫法行為，抑或單純為符合投標資格之借用關係，就外觀而言，出借營業名義者仍係與第三人成立承攬法律關係之當事人，本諸對於勞動者及交易安全及之保護，應認出名承攬之名義人與實際從事該承攬工作之工作者，具有選任、

服勞務及監督關係，與僱傭無殊。否則，具投標資格之承攬人，得以自己所為法律定性之「借名關係」，輕易規避其應負之勞工安全衛生、職業災害補償、侵權行為等相關責任，且定作人要求承攬人投保營綜合保險即形同具文，應不符上揭保障勞工及其家屬基本生存權之旨。

第60條 （補償金抵充賠償金）
雇主依前條規定給付之補償金額，得抵充就同一事故所生損害之賠償金額。

解說

之所以發生職業災害，常是因為雇主並未完善做好職業安全之保護措施，因此雇主另須依民法侵權行為之規定，負損害賠償責任（但在此範圍，就有過失相抵原則之適用）。而不論係補償或賠償，均屬同一事故，因此已給付之補償費應准予抵充損害賠償金額，方屬公平，所以本條文予以明文化，以作為處理之依據。

（一）已投保勞工保險或商業保險

1. 雇主依勞工保險或為勞工投保商業保險者，得就勞工保險給付或該商業保險中由雇主負擔保險費所得保險給付抵充勞動基準法所定職業災害補償費。因此不足之部分仍應由雇主補足（內政部74年8月10日(74)台內勞字第328548號函）。最高法院95年度台上字第854號判決意旨，亦係採同一之見解，可資參照。

2. 有關勞工因遭遇職業災害，雇主自應依勞動基準法第59條規定予以補償。但如同一事故，已由勞工保險、其他保險（雇主負擔保費）或類似省營事業單位原以給付職災補償為宗旨之撫卹救助辦法發給之勞工撫卹金及殮葬補助費等自可抵充（內政部74年8月22日(74)台內勞字第337452號函）。

3. 關於勞工保險費雖分別依比例由勞雇雙方負擔，但職業災害保險費係由雇主全額負擔，故其保險給付自可全部抵充勞動基準法所定職業災害補償費。平均工資，應依同法第2條第4款規定計算。惟有不足時，不足部分應由雇主補足（內政部75年1月21日(75)台內勞字第374797號函）。

4. 勞工自罹災之日起至治癒或決定為死亡、殘廢期間，應依勞動基準法第59條第2款及同法施行細則第31條規定給予原領工資。但已由勞保給付部分，得予抵充（內政部74年9月23日(74)台內勞字第344220號函）。

5. 有關礦工團體平安保險費由雇主負擔保費部分之給付，得依比例抵充勞動基準法所定職業災害補償（內政部76年2月5日(75)台內勞字第474251號函）。

（二）因勞工肇事而賠償第三人之費用不得抵充

若發生職業安全事故，勞工及第三人均有受傷，而勞工應負擔全部或較大比例之過失責任時，雇主依民法第188條規定，應對第三人負連帶賠償責任，且於雇主賠付給第三人之後，可以向有過失之勞工求償。則於此時，雇主可否向勞工表示抵銷職災之補償責任？因為基於職災補償制度之意旨，係在照顧勞工不致陷入貧困之境（請參照最高法院107年度台上字第958號民事判決），故應認不可以抵銷，但可以協商如何分

期攤還而於每月工資中扣抵一部分之金額，以兼顧雙方權利。

　　內政部75年12月24日(75)台內勞字第463131號函認為雇主不得因勞工肇事而賠償予受害人之損害賠償與肇事勞工之職業災害補償互為抵充。即係採同一見解。

（三）前四十個月之平均工資應由雇主照給

　　行政院勞工委員會77年6月24日(77)台勞動三字第11858號函認為依勞工保險條例第34及36條規定，被保險人因職業傷病申領職業傷病補償費最長以二年為限。因勞工保險條例無相當於勞動基準法第59條第2款終結工資補償之規定，故前四十個月之平均工資應由雇主給付。

（四）未由雇主加保而由職業工會加保

　　行政院勞工委員會78年9月26日(78)台勞動三字第23866號函認為本案雇主既未為勞工申報加保，而由職業工會加保，發生職業災害時，其所領之勞保職業災害給付，雇主自不得予以抵充。

（五）職業災害補償與撫卹

　　行政院勞工委員會79年1月8日(77)台勞動三字第31013號函認為職業災害補償與撫卹事項，前者為勞工因公傷死亡，雇主依法予以「補償」，後者則為勞工在職死亡，無論其為普通傷病或因公所致，雇主對勞工家屬所給予之撫慰金，兩者給予性質自有不同。依內政部74年8月22日(74)台內勞字第337451號函釋，有關撫卹金抵充職業災害補償乙節，係指事業單位原規定以給付職業補償為宗旨之撫卹金方可抵充。

（六）由賠償金額可扣除補償金額

行政院勞工委員會77年1月19日(77)台勞動三字第00751號函認為勞動基準法第60條規定：「雇主依前條規定給付之補償金額，可抵充就同一事故所至損害之賠償金額」，係指勞工因職業災害，由雇主給付之賠償金額可扣除由雇主給付之之補償金額。

（七）職災補償與侵權行為損害賠償之關係

最高法院96年度台上字第1227號民事判決意旨認為：「查依勞基法第59條規定之補償與依民法侵權行為之損害賠償，兩者之意義、性質與範圍均有所不同。以目的上言之，職災補償以保障受害勞工之最低生活保障為其目的，而民法侵權行為之損害賠償旨在填補受害勞工所遭受之精神及物質之實際損害，但兩者給付目的有部分重疊，均具有填補受災勞工損害之目的。就此重疊部分，如其中一債務人已為給付，他債務人就此部分之責任即歸於消滅，為原審認定之事實。上訴人縱自陳○○處獲得192萬7,800元之侵權行為損害賠償，惟原審未遑查明與依勞基法第59條規定之補償，其重疊部分為何，遽認被上訴人主張得予全部抵充為有理由，而為上訴人不利之判決，尚有未洽。」

第61條（受領補償金之時效期間）
第五十九條之受領補償權，自得受領之日起，因二年間不行使而消滅。
受領補償之權利，不因勞工之離職而受影響，且不得讓與、

抵銷、扣押或供擔保。

勞工或其遺屬依本法規定受領職業災害補償金者，得檢具證明文件，於金融機構開立專戶，專供存入職業災害補償金之用。

前項專戶內之存款，不得作為抵銷、扣押、供擔保或強制執行之標的。

解說

　　法律不保護在權利上睡覺的人，因此勞工縱使可以請求補償，但也應於二年內行使，否則雇主就可以拒絕給付（民§144）。又就雇主未盡到職業安全衛生保護之責任所生之民法侵權行為損害賠償部分，其請求權時效期間也是二年（民§197）。

　　本條文於106年12月27日修正公布時，增訂第3、4項之條文。這是因為第58條關於勞工之退休金，早於104年7月1日修正公布時，即已增訂「開立專戶，且不得為扣押等行為」之規定，以保護退休之勞工。而對受到職業災害勞工之保障，不應較退休勞工為低，因此比照其規定，增訂之。

第62條（承攬人等之連帶雇主責任）
事業單位以其事業招人承攬，如有再承攬時，承攬人或中間承攬人，就各該承攬部分所使用之勞工，均應與最後承攬人，連帶負本章所定雇主應負職業災害補償之責任。

事業單位或承攬人或中間承攬人，為前項之災害補償時，就其所補償之部分，得向最後承攬人求償。

解說

　　本條文係規定事業單位以其事業招人承攬時,所有承攬人均應連帶負本章所定雇主應負職業災害補償之責任,並規定得向最後承攬人為最後之求償。而發包承攬的事業單位與「承攬人所僱傭之勞工」之間並無僱傭關係,則承攬人所僱傭之勞工發生職業災害,原發包供人承攬的事業單位是否亦要負職業災害的補償責任呢?

　　若依本法第2條第1款及第2款勞工及雇主的定義,只有「僱傭關係」方有本法的適用,若是「委任關係」或「承攬關係」則無本法之適用,而原事業單位與「承攬人所僱傭之勞工」之間似乎更沒有什麼關係,因此原事業單位對「承攬人所僱傭之勞工所發生之職業災害」似乎亦不必負任何責任,但是,由本條文第2項之規定及內政部76年6月24日(76)內勞字第506902號函之見解,事業單位、承攬人及中間承攬人,均應與最後承攬人負連帶補償責任。又職業安全衛生法第25條及職業災害勞工保護法第31條亦有相類似之規定,並請參考之。

(一) 連帶責任之意義

　　若勞工只能向其雇主請求補償或賠償,則若其雇主無資力,則勞工將求償無門。故為保護勞工,而有本條之規定,將一連串的事業單位規定為應負連帶責任。這是因為依民法第273條之規定「連帶債務之債權人,得對於債務人中之一人或數人或其全體,同時或先後請求全部或一部之給付。連帶債務未全部履行前,全體債務人仍負連帶責任」,所以勞工可以選擇向其中有資力的事業單位求償,且數個事業單位總比一個事業單位(即勞工之雇主)更有資力負起責任,如此即可使勞工真正地獲得補償或賠償。

（二）但必須是在承攬之工作範圍內

最高法院96年度台上字第1655號民事判決意旨指出：「按事業單位以其事業招人承攬，如有再承攬時，承攬人或中間承攬人，就各該承攬部分所使用之勞工，均應與最後承攬人，連帶負本章所定雇主應負職業災害補償之責任，勞基法第62條第1項定有明文，此係以立法方式使原非屬發生職業災害勞工之雇主，不論係承攬人或中間承攬人均與最後承攬人連帶負職災補償之責，俾保護勞工；惟依該規定應連帶負補償責任之前提，需該勞工確係從事最後承攬人執行承攬工作範圍，如勞工所從事者非最後承攬、再承攬事業單位範圍內之工作，承攬人或中間承攬人即無與最後承攬人連帶負職災補償之責，此觀法條稱『就各該承攬部分所使用之勞工』文義自明。查上訴人係於搭建系爭工寮時發生系爭職災受傷，A公司將其向台電公司承攬之系爭工程分包由B公司負責，為兩造所不爭執，然台電公司與A公司間之採購承攬契約，並無任何需搭建工寮工程之記載；B公司自A公司再承攬之系爭工程，亦無任何搭建工寮工程之約定，足見系爭工寮之搭建，係B公司為承攬本件系爭工程外之台電公司其他工程，並圖在當地長期發展而搭建，非屬B公司向A公司再承攬契約之承攬工作範圍內工程，揆諸上開說明，A公司自無庸依勞基法第62條第1項之規定，與最後承攬人即B公司連帶負職災補償責任。」

第63條（事業單位之督促義務及連帶補償責任）
承攬人或再承攬人工作場所，在原事業單位工作場所範圍內，或為原事業單位提供者，原事業單位應督促承攬人或再

承攬人，對其所僱用勞工之勞動條件應符合有關法令之規定。

事業單位違背職業安全衛生法有關對於承攬人、再承攬人應負責任之規定，致承攬人或再承攬人所僱用之勞工發生職業災害時，應與該承攬人、再承攬人負連帶補償責任。

解說

　　本條文第1項是規定事業單位應督促所有的承攬人對其所僱用勞工之勞動條件應符合有關法令之規定，期以保護勞工之最低勞動條件標準，不過，事業單位只能「督促」，且事業單位若不督促，亦無罰則，所以本條文第1項之規定只是宣示性的形式意義。而本條文第2項則是規定事業單位若違背職業安全衛生法有關對於承攬人、再承攬人應負責任之規定時，應負連帶補償責任。所以本條文第2項與第1項相較，顯然較有拘束力。

　　至於本條文第2項雇主應負連帶補償責任，是以事業單位違背職業安全衛生法之相關規定為前提，但本法第62條第1項事業單位應負連帶補償責任者，則不以事業單位有無過失為要件，而是只要勞工受有職業災害，事業單位即應連帶補償。不過，有人認為，第62條第1項並未如本條文第2項如此明文規定雇主應負連帶補償責任，因此主張事業單位只有違背職業安全衛生法有關對於承攬人責任時才負連帶補償責任，否則對發生職業災害之勞工（承攬人所僱用，非事業單位所僱用），應不負補償責任。而為杜絕爭議，建議就本法第62條第1項規定予以修法，較為明確妥適。又另請參考職業災害勞工保護法第31條之規定。

　　本條文於108年5月24日修正公布，乃是將第2項規定原來使用之「勞工安全衛生法」法律條文名稱，修正為「職業安全衛生法」，以符實際。

第63條之1

要派單位使用派遣勞工發生職業災害時，要派單位應與派遣事業單位連帶負本章所定雇主應負職業災害補償之責任。

前項之職業災害依勞工保險條例或其他法令規定，已由要派單位或派遣事業單位支付費用補償者，得主張抵充。

要派單位及派遣事業單位因違反本法或有關安全衛生規定，致派遣勞工發生職業災害時，應連帶負損害賠償之責任。

要派單位或派遣事業單位依本法規定給付之補償金額，得抵充就同一事故所生損害之賠償金額。

解說

　　在派遣的工作型態，勞工並非受僱於工作場所之事業單位（即委派單位），而是受僱於派遣事業單位，再指派到該工作場所工作。若發生職災，委派單位既非雇主，故不必負本法第59條補償之責，且委派單位與派遣事業單位間未必是承攬關係，故亦可能不用負本法第62、63條之連帶補償責任。若此，則勞工只能向雇主即派遣事業單位請求補償，但萬一雇主沒有資力，則受到職業災害之派遣勞工將求償無門，相對於一般勞工而言，顯然保護不周。

　　因此於108年5月24日增訂公布本條文，以保障派遣勞工於發生職業災害時，較能真正地獲得補償之權利。

|第八章|
技術生

第64條（技術生定義及最低年齡）
雇主不得招收未滿十五歲之人為技術生。但國民中學畢業者，不在此限。
稱技術生者，指依中央主管機關規定之技術生訓練職類中以學習技能為目的，依本章之規定而接受雇主訓練之人。
本章規定，於事業單位之養成工、見習生、建教合作班之學生及其他與技術生性質相類之人，準用之。

解說

　　本條文第1項是規定技術生之最低年齡及例外情形，以避免雇主以招收技術生之名義而實質上僱用比童工年齡還小之人從事工作（本法§45）。而第2項則是就「技術生」的範圍作一定義。再者，為避免雇主巧立名目而實質上僱用技術生（技術生的權益較一般勞工少）或比童工年齡還小之人，所以第3項規定凡實質上從事與技術生相同或相類似工作者，不問其名義為何，均準用本章關於技術生之規定，以資保護。

（一）施行細則
1. 技術生工作範圍之限制
　　雇主不得使技術生從事家事、雜役及其他非學習技能為目

的之工作。但從事事業場所內之清潔整頓、器具工具及機械之清理者,不在此限(本法施§35)。

2. 學科時間算入工作時間

技術生之工作時間應包括學科時間(本法施§36)。

(二)罰則

1. 違反本條文第1項之規定,可依本法第77條之規定,處六月以下有期徒刑、拘役或科或併科新臺幣30萬元以下罰金。
2. 若違反本條文第3項之規定,則依第79條之1規定,仍須適用第77條之規定予以處罰。

(三)職類範圍

依行政院勞工委員會87年8月10日台(87)勞動三字第030878號函及98年1月5日勞職訓字第0970500983B號公告,係以勞動部公告之訓練職類為限,但若有增加範圍之必要,自可敘明理由請勞動部檢討公告之。

第65條(書面訓練契約及其內容)

雇主招收技術生時,須與技術生簽訂書面訓練契約一式三份,訂明訓練項目、訓練期限、膳宿負擔、生活津貼、相關教學、勞工保險、結業證明、契約生效與解除之條件及其他有關雙方權利、義務事項,由當事人分執,並送主管機關備案。

前項技術生如為未成年人,其訓練契約,應得法定代理人之允許。

解說

　　本條文第1項係課予雇主與技術生簽訂書面契約並送主管機關備案之義務，以資保護技術生之權益，若有違反本條文第1項之規定，則依本法第79條第1項第1款之規定，處新臺幣2萬元以上100萬元以下之罰鍰（可視情節輕重，而加重處罰到二分之一），而且依本法第80條之1規定，應公布其事業單位或事業主之名稱、負責人姓名，並限期令其改善，若屆期未改善，則應按次處罰。而本項條文雖課予簽訂書面契約之義務，但應只是「保存證據及明文化」的意義而已，應不影響契約本身的效力，亦即雇主若與技術生間就訓練項目等事項達成口頭協議，該訓練契約即已生效，只是雇主應受罰鍰之處分而已。

　　再者，技術生大都是未成年人，其為意思表示及受意思表示（例如與雇主協議勞動契約或訓練契約），依民法第77條之規定，應得法定代理人之事前允許或事後承認，始為有效，而本條文第2項之規定，則是再將此部分明文化，以保護未成年之技術生免於受騙或訂立不利的訓練契約。

第66條（訓練費收取禁止）

雇主不得向技術生收取有關訓練費用。

解說

　　本條文是規定禁止雇主收取訓練費用，若違反的話，則依本法第79條第1項第1款之規定，處新臺幣2萬元以上100萬元以下之罰鍰（可視情節輕重，而加重處罰到二分之一），而且依本法第80條之1規定，應公布其事業單位或事業主之名稱、負

責人姓名，並限期令其改善，若屆期未改善，則應按次處罰。

> **第67條**（技術生之留用與期限）
> 技術生訓練期滿，雇主得留用之，並應與同等工作之勞工享受同等之待遇。雇主如於技術生訓練契約內訂明留用期間，應不得超過其訓練期間。

解說

　　站在雇主的立場，花了時間精神訓練技術生一段期間後，總希望技術生能留下工作以「回收成果」，免得技術生學得一技之長後馬上另謀高就，無異是替其他同業免費訓練員工，所以雇主當然希望留用的期間越長越好，但若如此，則限制了選擇工作的自由，明顯對已完成訓練而與一般勞工無異之技術生不利，所以本條文規定留用期間應不得超過其訓練期間。但本條文對技術生的訓練期間並未作一限制，極易讓雇主以訓練技術生為名，而行僱傭一般勞工之實（因為給付技術生之工資依本法第69條第1項準用範圍及第2項之反面解釋，可低於基本工資，且訓練期滿依第69條第1項準用範圍之反面解釋又可免給付資遣費或退休金），實對技術生（或勞工）不利，因此實有修法予以限制之必要。

（一）罰則

　　若違反本條文之規定，則依本法第79條第1項第1款之規定，處新臺幣2萬元以上100萬元以下之罰鍰（可視情節輕重，而加重處罰到二分之一），而且依本法第80條之1規定，應公

布其事業單位或事業主之名稱、負責人姓名,並限期令其改善,若屆期未改善,則應按次處罰。

(二) 技術生訓練時間免予合併計算年資

　　內政部75年4月22日(75)台內勞字第392723號函認為其72年6月27日(72)台內勞字第16347號函:「學徒(註:工廠法之用詞)習藝時間,除另有約定外,免予合併計算年資」之規定,於勞動基準法實施後仍可適用,因此技術生若受留用,其訓練期間之年資除另有約定外,可免予合併計算,而此則會影響到特別休假(本法§38)之計算。(註:這是當時函釋的理由,而工廠法已於107年11月21日廢止)

　　又關於建教合作生之年資,行政院勞工委員會79年9月1日台勞動三字第20236號函,則認為仍依上開函釋辦理,亦即,除非另有約定,否則不併計年資。

(三) 委託學校代招技工之訓練班

　　行政院勞工委員會78年7月7日(78)台勞動三字第16413號函認為事業單位委託專科學校代招技工訓練班,該技工訓練班若係以學習技能為目的,受訓學員與事業單位間並無僱傭關係,其訓練期間除另有約定外,得免予合併計算年資。

第68條(技術生人數之限制)
技術生人數,不得超過勞工人數四分之一。勞工人數不滿四人者,以四人計。

解說

　　本條文是對技術生人數作一限制，以避免雇主以招收技術生為名而行僱用一般勞工之實。行政院勞工委員會83年9月29日(83)台勞動三字第81636號函認為本條文所稱「勞工人數」，是指招收技術生之雇主所僱用之勞工人數而言。若違反本條文之規定，則依本法第79條第1項第1款之規定，處新臺幣2萬元以上100萬元以下之罰鍰（可視情節輕重，而加重處罰到二分之一），而且依本法第80條之1規定，應公布其事業單位或事業主之名稱、負責人姓名，並限期令其改善，若屆期未改善，則應按次處罰。

第69條（保障規定之準用）
本法第四章工作時間、休息、休假、第五章童工、女工、第十章災害補償及其他勞工保險等有關規定，於技術生準用之。
技術生災害補償所採薪資計算之標準，不得低於基本工資。

解說

　　本條文明定一般勞工之勞動條件，於技術生準用之，以保護技術生之權益。但由本條文第1項之準用範圍及第2項規定之反面解釋，允許技術生領取之款項可低於基本工資，只有在職業災害補償所採薪資計算之標準時，才不得低於基本工資。而最高行政法院101年度判字第267號行政判決，就建教合作學生是否可以領取工資墊償基金之爭議，亦認為不屬於勞工，所領取之款項也不屬於工資。其判決意旨略謂：「技術生係依

中央主管機關規定之技術生訓練職類中以學習技能為目的，而接受雇主訓練之人，其與雇主間所簽訂者為『訓練契約』，而非簽訂『勞動契約』，其所領取者係『生活津貼』，而非『工資』，雇主自無積欠其工資之情形。故勞動基準法第69條規定，技術生得予準用者，僅限於該法第四章工作時間、休息、休假，第五章童工、女工，第七章災害補償及其他勞工保險等有關規定，而不及於該法第二章關於『工資』之規定，顯不符該法第28條第4項規定，得請求由積欠工資墊償基金墊償之範圍。」

行政院勞工委員會76年9月29日(76)台勞動字第3579號函認為有關技術生工作時間，如係未滿16歲者，應依本法第47條規定「童工每日工作時間不得超過八小時」辦理，餘則依本法第69條準用第四章之有關規定。

若違反第1項準用之規定，依本法第79條之1規定，仍須適用本法罰則章之規定予以處罰，亦即雇主若有違反本法之規定，則不論其對象是一般勞工或技術生，雇主都須依本法之規定予以處罰。

第九章
工作規則

第70條（工作規則內容）

雇主僱用勞工人數在三十人以上者，應依其事業性質，就下列事項訂立工作規則，報請主管機關核備後並公開揭示之：

一、工作時間、休息、休假、國定紀念日、特別休假及繼續性工作之輪班方法。

二、工資之標準、計算方法及發放日期。

三、延長工作時間。

四、津貼及獎金。

五、應遵守之紀律。

六、考勤、請假、獎懲及升遷。

七、受僱、解僱、資遣、離職及退休。

八、災害傷病補償及撫卹。

九、福利措施。

十、勞雇雙方應遵守勞工安全衛生規定。

十一、勞雇雙方溝通意見加強合作之方法。

十二、其他。

解說

（一）施行細則

1. 工作規則之訂立及報請核備

　　雇主於僱用勞工人數滿30人時應即訂立工作規則，並於三十日內報請當地主管機關核備。

　　本法第70條所定雇主僱用勞工人數，依第22條之1第1項規定計算。

　　工作規則應依據法令、勞資協議或管理制度變更情形適時修正，修正後並依第1項程序報請核備。

　　主管機關認為有必要時，得通知雇主修訂前項工作規則（本法施§37）。

2. 工作規則之公告及印發

　　工作規則經主管機關核備後，雇主應即於事業場所內公告並印發各勞工（本法施§38）。

3. 另定單項工作規則

　　雇主認有必要時，得分別就本法第70條各款另訂單項工作規則（本法施§39）。

4. 事業場所分散各地工作規則之訂定

　　事業單位之事業場所分散各地者，雇主得訂立適用於其事業單位全部勞工之工作規則或適用於該事業場所之工作規則（本法施§40）。

（二）罰則

　　雇主若違反本條文之規定，則依本法第79條第3項之規定，處新臺幣2萬元以上30萬元以下之罰鍰（另依第4項之規定，主管機關尚可依事業規模、違反人數或違反情節，加重其

罰鍰至45萬元），而且依本法第80條之1規定，應公布其事業
單位或事業主之名稱、負責人姓名，並限期令其改善，若屆期
未改善，則應按次處罰。

（三）未經核備之工作規則是否生效？

　　最高法院81年度台上字第2492號民事判決認為，雇主違反
本條文未將工作規則報請核備後公開揭示，只是雇主應受第79
條第3項規定處罰之問題，如果該工作規則沒有違反強制或禁
止規定，仍屬有效。

（四）主管機關得撤銷已核備之工作規則

　　行政院勞工委員會80年3月8日(80)台勞動一字第06177號
函認為事業單位工作規則部分條文經核備即具法定效力；且經
核備之工作規則，主管機關認為不妥時，得撤銷之，當事人如
不服得由訴願程序請求行政救濟。

（五）事業單位搬遷，應重新報核

　　行政院勞工委員會82年2月2日(83)台勞動一字第05320號
函認為事業單位工作規則經依法報請主管機關核備後，嗣後因
事業單位全部或局部遷到他縣市，原核備之工作規則仍應依法
向新址所在地之主管機關重新報核。

（六）拘束力

　　工作規則是否像契約一樣，須由勞資雙方協商同意之後，
才會產生拘束力？最高法院91年度台上字第1625號民事判決即
同意二審法院之見解而認為「按雇主公開揭示時，係欲使其成
為僱傭契約之附合契約，而得拘束勞雇雙方之意思表示。勞工
知悉後如繼續為該雇主提供勞務，應認係默示承諾該工作規則
內容，而使該規則發生附合契約之效力」（另請參照108年度

台上字第2510號民事判決）。

（七）應否得到勞工或工會同意？

　　工作規則乃雇主為發展業務，指揮管理而訂定或更改，似毋庸與勞工或工會協商，且由本條文之規定，亦顯示毋須得到勞工或工會之同意。不過，若基於勞資關係和諧的立場，仍似先與勞工或工會協商較妥。

　　最高法院91年度台上字第1040號民事判決意旨，對此問題有詳細之闡釋，足資參考依循：

1. 惟工作規則之修改，如認僅屬雇主之權限，勞工全無拒絕之權利，未免忽視勞工權益；反之，若認工作規則不利益之變更，非經勞工同意對勞工全不生效力，將造成勞動條件不統一及雇主經營管理上之困難。自應認雇主仍得在具有維持繼續經營與競爭力之合理性及正當性，並確保員工權益之情形下，單方就工作規則為不利於勞工之變更；除此之外，即應獲得已有既得利益勞工之同意，以兼顧勞工之權益保障及雇主之經營管理。

2. 按行使權利，應依誠實及信用方法，民法第148條第2項定有明文，上訴人係勞動契約之資方，固得因經營管理需要而變動收關勞工勞動條件之工作或退休有關事項，但為保障較為弱勢之勞工權益，除法律明定或契約具體約定外，尚不得以勞工曾概括同意可由資方逕行變更工作或退休內容事項，遽謂資方所為不利勞工之相關事項變更，均毋庸取得勞工之同意。

　　又最高法院106年度台上字第1255號民事判決則進一步認為，雇主應就不利勞工變更之合理性，負舉證責任。因此，若雇主無法舉證說明其合理性，則其變更自不生效力。

（八）工作規則於服務期間變動時之效力

工作規則於服務期間變動，則變更後之工作規則是否只適用於新進的勞工，對於原有的勞工依然適用舊工作規則（契約說）？抑或是對原有的勞工亦有適用（法規說）？司法院第14期司法業務研究會曾對此做討論，其問題為：舊工作規則訂有離職金之規定（含自動辭職），但嗣後工作規則修改，廢止自動辭職得請求離職金之規定，則原任的勞工於工作規則修改後自動辭職，可否請求離職金？研討結論及司法院第一廳研究意見都既不採契約說，也不採法規說，而是採「折衷說」，認為應分段給付，亦即前段照舊工作規則給付（可請求自任職時起至工作規則變更時止之離職金），後段照新工作規則給付（工作規則變更後至離職時，此段期間不可請求離職金）。

（九）工作規則之內容

勞動部有提供參考手冊，請至官方網站瀏覽。

（十）勞工違反工作規則中之懲處規定

雇主為經營管理之需，會於工作規則中規定各種應遵守之紀律，及其違反時之懲處，而若勞工違反工作規則並已達情節重大之程度，則雇主可依本法第12條第1項第4款之規定予以解僱（請見本書關於該條文之說明）。

（十一）工作規則中關於遲到、早退而扣薪之懲處規定

雇主基於經營管理之需，會規定上下班之時間，且為確保人力之掌握及同事間之公平性，就會訂定扣薪之懲罰標準給勞工知悉。但此類規定是否會因違反本法第22條工資應全額直接給付之規定而無效？

最高行政法院108年度裁字第1568號行政裁定（及其原審法院判決）之見解，頗值參考：

1. 該員工管理辦法第11條規定：「遲到早退之處罰：遲到早退三十分鐘內，罰金50元，同時每遲到早退一分鐘罰金10元，合計每次最高350元……。」

2. 依勞基法第22條第2項但書規定，經「勞雇另有約定者」，構成該項本文所規範雇主應負行政法上義務之例外情形，亦即發生解除雇主全額直接給付義務之效力。就經濟弱勢立場之勞工言，此種「勞雇雙方另有約定」情形，倘涉及工資扣減之同意，實質上即屬對雇主為工資債務之免除，該部分工資之債權因此消滅，使勞工賴以維持生計之工資減少，顯與勞基法第1條保護勞工權益之基本精神有違。

3. 再者，勞工同意雇主扣減工資之約定事項，顯然對勞工本身不利益，衡諸勞雇雙方地位不平等，勞工往往為求得工作機會而迫於無奈表示同意，則勞工同意約定事項之「意思表示」是否出於真意，即有審慎判斷之空間。

4. 於此情形，自應審酌不利於勞工之約定事項，有無明確而客觀存在之合理性，就勞工是否真正意思表示，採取嚴格之認定標準。倘約定事項對勞工而言，欠缺客觀存在之合理性，解釋上勞工並無真正之意思表示，則上開「勞雇雙方另有約定」並不成立，雇主即不能免除全額給付工資之義務。

5. 再者，雇主利用其優勢地位之契約形成自由權，單方擬定不利於勞工之定型化契約條款，勞工為取得工作機會，並無反對或最低程度之締約磋商地位，僅能同意，顯係片面加重勞工責任之契約條款。依其約定內容，倘有違反「保障勞工權益，加強勞雇關係」之公共利益或侵害勞工之權利，核屬雇

主之權利濫用行為，該約定條款自不發生其法律效果。

6. 又定型化契約條款倘有民法第247條之1規定各款之顯失公平情形，該約定條款無效，雇主自不能執該約定主張免除其全額直接給付工資之義務。

7. 依計算結果，可知某勞工遲到二十三分鐘，不能取得之工資為54元，但卻扣薪280元。又另一勞工早退六分鐘，不能取得之工資為14元，但卻扣薪110元。可見扣減工資占薪資總額之比例，超出遲到早退時間占總工作時間之比例甚高，不合乎比例原則。

8. 綜上所述，足認員工管理辦法第11條約定之扣減工資金額過高，難謂對勞工之經濟生活不生影響，就勞工之同意約定，衡情應無客觀存在之合理性，解釋上勞工並無同意該約定之真意，該約定條款並不成立。

9. 退步而言，縱認該契約條款成立，核其定型化契約條款之訂定，係居於雇主優勢地位，約定不利勞工之內容，違反保護勞資和諧暨保障勞工最低生活基準之公共利益，構成民法第148條第1項之權利濫用行為，該約定條款不生效力。

10. 再者，核其約定內容係免除雇主給付勞工工資之債務，同時使勞工拋棄工資債權，就勞動契約之法律關係，依其情形顯失公平，合於民法第247條之1第1、3款規定情形，自屬無效之約定。

第71條（工作規則之效力）
工作規則，違反法令之強制或禁止規定或其他有關該事業適用之團體協約規定者，無效。

解說

　　本條文是對工作規則之效力作一限制，以免雇主肆意訂定或變更，予取予求而影響勞工權利。最好是參考勞動部提供的參考手冊來訂定，以免未獲主管機關核備，甚至遭法院認定為無效。

　　又依性別工作平等法第11條之規定，工作規則、勞動契約或團體協約中，如有規定或事先約定受僱者有結婚、懷孕、分娩或育兒之情事時，應行離職或留職停薪者，其規定或約定均係無效。

|第十章|
監督與檢查

第72條（勞動檢查機關之設置及組織）
中央主管機關，為貫徹本法及其他勞工法令之執行，設勞工檢查機構或授權直轄市主管機關專設檢查機構辦理之；直轄市、縣（市）主管機關於必要時，亦得派員實施檢查。
前項勞工檢查機構之組織，由中央主管機關定之。

解說

　　為配合第4條關於主管機關規定之修正，因此本條文亦於89年7月19日修正公布之。

（一）施行細則

1. 勞工檢查方針之發布與勞工檢查計畫之核報

(1) 中央主管機關應每年定期發布次年度勞工檢查方針。
(2) 檢查機構應依前項檢查方針分別擬定各該機構之勞工檢查計畫，並於檢查方針發布之日起五十日內報請中央主管機關核定後，依該檢查計畫實施檢查（本法施§41）。

2. 檢查員任用、訓練、服務規定

　　勞工檢查機構檢查員之任用、訓練、服務，除適用公務員法令之規定外，由中央主管機關定之（本法施§42）。

3. 檢查權之行使

　　檢查員對事業單位實施檢查時，得通知事業單位之雇主、雇主代理人、勞工或有關人員提供必要文件或作必要之說明（本法施§43）。

4. 檢查結果之報明及檢查機構之處理

　　檢查員檢查後應將檢查結果向事業單位作必要之說明，並報告檢查機構。檢查機構認為事業單位有違反法令規定時，應依法處理（本法施§44）。

5. 事業單位之異議

　　事業單位對檢查結果有異議時，應於通知送達後十日內向檢查機構以書面提出（本法施§45）。

（二）勞動檢查法

　　為實施勞動檢查，貫徹勞動法令之執行，維護勞雇雙方權益，安定社會，發展經濟，於82年2月3日修正「工廠檢查法」為「勞動檢查法」，並公布全文40條。請讀者自行參考該法規。

第73條 （檢查員之職權）

檢查員執行職務，應出示檢查證，各事業單位不得拒絕。事業單位拒絕檢查時，檢查員得會同當地主管機關或警察機關強制檢查之。

檢查員執行職務，得就本法規定事項，要求事業單位提出必要之報告、紀錄、帳冊及有關文件或書面說明。如需抽取物料、樣品或資料時，應事先通知雇主或其代理人並掣給收據。

解說

　　本條文係規定檢查員之職權及執行職務時應出示檢查證。另因82年2月3日修正公布之「勞動檢查法」亦有關於勞動檢查員之詳細規定及處罰規定，所以請讀者自行參考該法規。而行政院勞工委員會亦於83年4月20日發布施行「勞動檢查員遴用及專業訓練辦法」。但實施勞動檢查，並不限於勞動檢查員，因為依本法第72條之規定，地方主管機關於必要時，亦得派員實施檢查，且依勞動檢查法第17條之規定，亦得指派代行檢查員實施檢查。

　　如果拒絕、規避或阻撓勞工檢查員依法執行職務者，依本法第80條之規定，可處新臺幣3萬元以上15萬元以下罰鍰。而且依本法第80條之1規定，應公布其事業單位或事業主之名稱、負責人姓名，並限期令其改善，若屆期未改善，則應按次處罰。

第74條（勞工之申訴權及保障）

勞工發現事業單位違反本法及其他勞工法令規定時，得向雇主、主管機關或檢查機構申訴。

雇主不得因勞工為前項申訴，而予以解僱、降調、減薪、損害其依法令、契約或習慣上所應享有之權益，或其他不利之處分。

雇主為前項行為之一者，無效。

主管機關或檢查機構於接獲第一項申訴後，應為必要之調查，並於六十日內將處理情形，以書面通知勞工。

主管機關或檢查機構應對申訴人身分資料嚴守秘密，不得洩

漏足以識別其身分之資訊。

違反前項規定者，除公務員應依法追究刑事與行政責任外，對因此受有損害之勞工，應負損害賠償責任。

主管機關受理檢舉案件之保密及其他應遵行事項之辦法，由中央主管機關定之。

解說

　　雇主若有違反本條文或其他勞工法令之規定，則勞工為保障自身的權益，自應准許勞工提出申訴，且為保障勞工之申訴權利，本條文第2項便規定雇主不得因勞工提出申訴而做出不利於勞工之處分。但是，若勞工虛構事實（請注意此與檢查單位查無實據或認定沒有違法之情形仍有不同）而提出申訴，則雇主是不是亦不得對勞工解僱、調職或其他不利之處分？解釋上應認為在申訴檢查期間，雇主仍不得做出不利之處分。但於檢查完畢，確定事業單位並未違法且確定此係勞工虛構事實所提出之申訴時，雇主似可依本法第12條第1項第4款「違反勞動契約或工作規則，情節重大」之規定解僱勞工或依工作規則作其他懲戒之處分。

　　又本條文頃於105年12月21日修正公布，重點在於增訂雇主對於「吹哨者」之勞工，不得有第2項所示之不利處分（舊條文只規範不得有解僱、調職或其他不利處分，較為籠統）。且於第3項增訂違反時之效果為無效，而此應只是再度宣示之規定，因為原本依民法第71條「法律行為，違反強制或禁止之規定者，無效」之規定，雇主違反本條文第2項之禁止規定，其效果應屬無效。

　　再者，為加強主管機關對於申訴案件之處理及對申訴者之

保護，乃將原施行細則第48、49條等規定內容，提升至本法之層次而作規定（但內容略有不同）。

（一）施行細則

1. 本法第74條第1項規定之申訴得以口頭或書面為之（本法施§46）。

2. 雇主對前條之申訴事項，應即查明，如有違反法令規定情事應即改正，並將結果通知申訴人（本法施§47）。

（二）罰則

　　雇主若違反本條文第2項之規定，則依本法第79條第3項之規定，處新臺幣2萬元以上30萬元以下之罰鍰（另依第4項之規定，主管機關尚可依事業規模、違反人數或違反情節，加重其罰鍰至45萬元），而且依本法第80條之1規定，應公布其事業單位或事業主之名稱、負責人姓名，並限期令其改善，若屆期未改善，則應按次處罰。

第十一章

罰 則

第75條（罰則）

違反第五條規定者，處五年以下有期徒刑、拘役或科或併科新臺幣七十五萬元以下罰金。

解說

　　自本條文至第80條均係有關罰則之規定，其中本條文至第77條均係刑事責任之主刑（刑§33，包括有期徒刑、拘役及罰金），而第78條至第80條則是行政責任之間接強制處分（行執§2Ⅰ②，即罰鍰），且二者亦有下列之不同：

（一）在程序上，前者需經檢察官提起公訴（或聲請簡易判決處刑），並需經法院判決，若有不服，則循上訴程序以資救濟，而後者則是由主管機關逕行處分罰鍰，若有不服，則以訴願及行政訴訟等方式循序救濟。

（二）前者之處罰，有緩刑、累犯規定之適用（刑§74、§47），但後者則無。

第76條（罰則）

違反第六條規定者，處三年以下有期徒刑、拘役或科或併科新臺幣四十五萬元以下罰金。

解說

　　請參照本書關於第6條之介紹。而犯本條之罪若受六月以下有期徒刑或拘役之宣告，則有機會（不是一定會）被准許易科罰金（刑§41）。

第77條（罰則）
違反第四十二條、第四十四條第二項、第四十五條第一項、第四十七條、第四十八條、第四十九條第三項或第六十四條第一項規定者，處六個月以下有期徒刑、拘役或科或併科新臺幣三十萬元以下罰金。

解說

　　請參考本書關於第42條等條文之介紹。且本條文之處罰亦有刑法第41條易科罰金規定之適用機會。

第78條（罰則）
未依第十七條、第十七條之一第七項、第五十五條規定之標準或期限給付者，處新臺幣三十萬元以上一百五十萬元以下罰鍰，並限期令其給付，屆期未給付者，應按次處罰。
違反第十三條、第十七條之一第一項、第四項、第二十六條、第五十條、第五十一條或第五十六條第二項規定者，處新臺幣九萬元以上四十五萬元以下罰鍰。

解說

　　請參考本書關於第13條等條文之介紹。

第79條（罰則）

有下列各款規定行為之一者，處新臺幣二萬元以上一百萬元以下罰鍰：

一、違反第二十一條第一項、第二十二條至第二十五條、第三十條第一項至第三項、第六項、第七項、第三十二條、第三十四條至第四十一條、第四十九條第一項或第五十九條規定。

二、違反主管機關依第二十七條限期給付工資或第三十三條調整工作時間之命令。

三、違反中央主管機關依第四十三條所定假期或事假以外期間內工資給付之最低標準。

違反第三十條第五項或第四十九條第五項規定者，處新臺幣九萬元以上四十五萬元以下罰鍰。

違反第七條、第九條第一項、第十六條、第十九條、第二十八條第二項、第四十六條、第五十六條第一項、第六十五條第一項、第六十六條至第六十八條、第七十條或第七十四條第二項規定者，處新臺幣二萬元以上三十萬元以下罰鍰。

有前三項規定行為之一者，主管機關得依事業規模、違反人數或違反情節，加重其罰鍰至法定罰鍰最高額二分之一。

解說

　　原條文第1項第1款所列之違反行為，僅處以新臺幣2萬元以上30萬元以下罰鍰，尚屬過輕，故將其中關於違反工資、工作時間、休息、休假、女工、職業災害補償等攸關勞工權益之情形，提高罰鍰數額為2萬元以上100萬元以下。至於其他較輕

微之違反行為，則仍維持2萬元以上30萬元以下罰鍰，並移列至第3項規定。

再者，增訂第4項，主管機關對雇主之違反行為，可以依事業規模、違反人數或違反情節，加重其罰鍰至法定罰鍰最高額二分之一，以符實際情形及比例原則，而收遏阻之效果。例如：原法定罰鍰最高額是100萬元者，可以加重罰鍰至150萬元；如果原法定罰鍰最高額是30萬元者，則可以加重罰鍰至45萬元。

第79條之1（罰則）
違反第四十五條第二項、第四項、第六十四條第三項及第六十九條第一項準用規定之處罰，適用本法罰則章規定。

解說

為保護技術生之權益，因此若雇主對技術生有違反本法規定之行為，亦會受到處罰。

第80條（罰則）
拒絕、規避或阻撓勞工檢查員依法執行職務者，處新臺幣三萬元以上十五萬元以下罰鍰。

解說

為保障勞工檢查員得以依法執行職務，所以有本條處罰之規定。另勞動檢查法第35條有較重之處罰規定，請讀者自行參考。

第80條之1（公布名稱及按次處罰）
違反本法經主管機關處以罰鍰者，主管機關應公布其事業單位或事業主之名稱、負責人姓名、處分期日、違反條文及罰鍰金額，並限期令其改善；屆期未改善者，應按次處罰。
主管機關裁處罰鍰，得審酌與違反行為有關之勞工人數、累計違法次數或未依法給付之金額，為量罰輕重之標準。

解說

　　本條文係於104年2月4日增訂公布。第1項之規定源自於修正前第79條第3項之規定，但原僅限於違反第79條規定者才有適用，如今則是適用於處以罰鍰之全部情形。

　　本條文於109年5月22日修正公布，此乃是為落實「政府資訊公開法」之規定及主動公開資訊之原則，並參照勞工退休金條例之規定，而於本條文第1項規定，除應公布違法事業單位或事業主之名稱、負責人姓名外，新增另應公布處分期日、違反條文及罰鍰金額，以讓相關之勞工及求職者可以適時適當獲得與勞動條件相關之重要資訊，並促使事業單位遵守本法之規定。

第81條（處罰之客體）
法人之代表人、法人或自然人之代理人、受僱人或其他從業人員，因執行業務違反本法規定，除依本章規定處罰行為人外，對該法人或自然人並應處以各該條所定之罰金或罰鍰。但法人之代表人或自然人對於違反之發生，已盡力為防止行為者，不在此限。

法人之代表人或自然人教唆或縱容為違反之行為者，以行為人論。

解說

本條文是採「兩罰制」，亦即除處罰行為人外，亦處罰該行為人之雇主（可能為法人，例如公司，亦可能是自然人，例如獨資之商號），但處罰的結並不相同，該行為人係應依本章之規定處罰，所以有可能被處以有期徒刑、拘役、罰金或罰鍰，但該受處罰之雇主（法人或自然人）則只能處以各該條文所定之罰金或罰鍰，而不得處以有期徒刑或拘役等剝奪自由之處罰。又法人之代表人或自然人若對於違法事實之發生，已盡力防止而猶仍發生，自不應再予苛責處罰，但若反而教唆或縱容，則應以行為人論，此時則不再只被處以罰金、罰鍰而已，而是與行為人負相同之處罰責任，亦即有可能會被處以有期徒刑或拘役之刑。

行政院勞工委員會77年7月22日(77)台勞檢一字第16337號函認為，違反勞動基準法行為時其處罰對象應是行為人，並對法人或自然人併科罰金或罰鍰。為免司法機關因違法之行為人未經告發而不予起訴或不加以審判，各檢查機構移送司法機關偵辦案件，應查明違法之行為人，若判定有所困難時，得將涉嫌違法之行為人予以並列方式告發。

第82條（罰鍰之強制執行）
本法所定之罰鍰，經主管一機關催繳，仍不繳納時，得移送法院強制執行。

解說

　　為使處罰之效果得以實現而貫徹勞工法令之執行，本條文規定罰鍰得移送法院強制執行，但目前則是由法務部行政執行署來執行。至於有期徒刑、拘役或罰金之執行，依刑事訴訟法第八編之規定，係於判決確定之後由檢察官來執行，但罰金之執行尚得由法官當庭指揮執行（刑訴§470），或囑託法院民事執行處來執行（刑訴§471）。

|第十二章|

附　則

第83條（勞資會議之舉辦及其辦法）
為協調勞資關係，促進勞資合作，提高工作效率，事業單位應舉辦勞資會議。其辦法由中央主管機關會同經濟部訂定，並報行政院核定。

解說

　　勞資會議之召開，有助於雙方之溝通，製造雙贏的局面，尤其本法第30、30條之1、32、34、36及49條等規定，尚有須經勞資會議同意始可為之的事項（若無工會的話）。另依雇主聘僱外國人許可及管理辦法第16條之規定，雇主申請第二類外國人之招募許可時，須準備由當地政府開具「已依規定舉辦勞資會議」的文件。甚至於上市（櫃）公司審查時，亦須準備此項文件。因此在現代勞資關係中，勞資會議之舉辦，更是重要。

　　而目前則有勞動部會同經濟部於103年4月14日修正發布之勞資會議實施辦法，勞動部並另有編制「勞資會議說明手冊」及各種文件格式，請另行至官方網站參考之。

第84條（公務員兼具勞工身分時法令之適用）

公務員兼具勞工身分者，其有關任（派）免、薪資、獎懲、退休、撫卹及保險（含職業災害）等事項，應適用公務員法令之規定。但其他所定勞動條件優於本法規定者，從其規定。

解說

　　部分執行公務之人員，其有公務員及勞工雙重身分，為維持公務員管理體系之完整，並兼顧勞工法令，所以本條文規定關於任免、薪資等事項應適用公務員法令之規定，至於其他勞動條件（例如加班、休假等）原則上適用本法之規定，但若公務員法令有較優之規定，則例外地適用公務員法令之規定。

（一）公務員兼具勞工身分及其他所定勞動條件之意旨

　　本法第84條所稱公務員兼具勞工身分者，係指依各項公務員人事法令任用、派用、聘用、遴用而於本法第3條所定各業從事工作獲致薪資之人員。所稱其他所定勞動條件，係指工作時間、休息、休假、安全衛生、福利、加班費等而言（本法施§50）。

（二）有關任用、派用、聘用、遴用之規定

　　內政部74年11月30日(74)台內勞字第366681號函及行政院74年11月15日(74)台人政一字第36664號函：

1. 公務員兼具勞工身分者，其有關任（派）免、薪資、獎懲、退休、撫卹及保險（含職業災害）等事項疑義之解釋，由行政院人事行政局主辦。至工作時間、休息、休假、安全衛生、福利、加班費等勞動條件之解釋，由內政部主辦。

2. 勞動基準法施行細則第50條所稱任用、派用、聘用、遴用之
　人員如下：
(1) 依下列各種公務員人事法令進用或管理之人員：
　①任用：公務人員任用法、分類職位公務人員任用法、交
　　通事業人員任用條例、警察人員管理條例、技術人員任
　　用條例、主計機構人員設置管理條例、審計人員任用條
　　例、蒙藏邊區人員任用條例、戰地公務人員管理條例、
　　台灣省公營事業人員任用及待遇辦法。
　②派用：派用人員派用條例、經濟部所屬事業機構人事管
　　理準則（派用人員）、經濟部所屬事業機構人事管理準
　　則實施要點（派用人員）、台灣新生報業股份有限公司
　　人事管理要點。
　③聘用：聘用人員聘用條例、經濟部所屬事業機構人事管
　　理準則（約聘人員）、經濟部所屬事業機構人事管理準
　　則實施要點（約聘人員）、經濟部所屬事業機構專技人
　　員約聘要點、交通部所屬事業機構科技人員約聘要點、
　　中央印製廠聘僱辦法（聘用人員）。
　④遴用：台灣地區省（市）營事業機構分類職位人員遴用
　　辦法。
(2) 依其他人事法令進用管理相當委任職以上人員，及依雇員
　管理規則進用之雇員，但不包括其他雇員或約僱人員。

（三）資遣事項適用公務員法令

　　行政院76年6月11日(76)台人政四字第12298號函認為公營
事業機構公務員兼具勞工身分人員之資遣事項，應涵蓋於勞動
基準法第84條所定「任（派）免」事項範圍內，適用公務員法
令之規定。

（四）勞工改變為公務員兼具勞工身分

1. 退休金之計算

(1) 內政部75年8月21日(75)台內勞字第429276號函認為公營
    事業單位勞工改變為原事業單位「公務員兼具勞工身分」
    者，若該事業單位適用之退休辦法，對於「勞工」部分年
    資與「公務員兼具勞工身分者」之年資，有併計退休金之
    規定，則依其規定辦理。若無併計規定者，則於其嗣後退
    休時發給退休金，其標準依不同身分階段分別計算，即屬
    於「勞工部分」之年資，依勞動基準法辦理，屬於「公務
    員兼具勞工身分」之年資，依公務員法令規定辦理。

(2) 內政部76年4月3日(76)台內勞字第488243號函：

　①依據行政院人事行政局本(76)年3月17日(76)局四字第
　　07842號函附會議紀錄及台灣省政府社會處函辦理。

　②本部75年8月21日(75)台內勞字第429276號函釋勞工改
　　變為公務員兼具勞工身分者辦理退休之原則，仍予維
　　持，即公營事業單位勞工改變為原事業單位「公務員兼
　　具勞工身分」者，若……之年資，有併計退休金之規定
　　者，依其規定辦理，若無併計規定者，則於其嗣後退休
　　時發給退休金，其標準依不同身分階段分別計算，即屬
　　於「勞工部分」之年資，依勞動基準法規定辦理，屬於
　　「公務員兼具勞工身分」之年資，依公務員法令規定辦
　　理。

　③前開有關依不同身分階段分別計算退休金部分，應依下
　　列原則處理：

　　A.先以屬於公務員兼具勞工身分之全部年資，依公務員
　　　法令核給退休金，如其採計年資不足三十年者，就其

不足部分，再另就其曾任勞工之年資，依勞動基準法規定核給退休金。如其採計公務員兼具勞工身分年資已達三十年者，曾任勞工年資不再核給退休金。

B.前款勞工身分年資之計算退休金，其平均工資以其改為公務員兼具勞工身分時之等級為準，按退休時相同或相當工稱、等級現職人員之平均工資計算。

④台灣省所屬公路局、台灣汽車客運公司、及各港務局改制為交通事業機構時，據以換敘為士級以上人員之職工、差工年資，仍依銓敘部規定，併計公務員年資退休，至不得併計公務員退休且未經核給退職金之臨時工、工友、雜工等年資，則亦按前項原則，依勞動基準法規定核給退休金。

(3) 行政院勞工委員會81年3月14日(81)台勞動三字第05052號函認為適用勞動基準法之公營事業單位勞工改變為「公務員兼具勞工身分者」辦理退休時，若該事業單位適用之退休辦法，對於「勞工」部分年資無併計規定者，則於其嗣後退休時發給退休金，其標準依不同身分階段分別計算，先以屬於公務員兼具勞工身分之全部年資依公務員法令核給退休金，如其採計年資不足三十年者，就其不足部分，再另就其曾任勞工之年資，依勞動基準法規定核給退休金。前經內政部主管勞工事務時76年4月3日(76)台內勞字第488243號函釋在案。

(4) 行政院勞工委員會85年4月12日台勞動三字第109171號函認為勞工改變為公務員兼具勞工身分者，其退休金核算方式，前經內政部76年4月3日台(76)內勞字第488243號函釋在案，茲以修正公務人員退休法第16條之1第1項規定：「公

務人員在本法修正施行前後均有任職年資者，應前後合併
計算。但本法修正施行前之任職年資，仍依原法最高採計
三十年。本法修正施行後之任職年資，可連同累計，最高
採計三十五年。」故勞工改變為公務員兼具勞工身分者，
屬於公務員兼具勞工身分之年資，依公務員法令規定辦
理，不足公務員退休年資上限者，就其不足部分，再因以
其曾任勞工之年資，依勞動基準法及其施行細則規定核給
退休金。

2. 資遣費之計算

行政院勞工委員會76年9月7日(76)台勞動字第0965號函認
為公營事業單位勞工改變為原事業單位「公務員兼具勞工身分
者」之退休金核算方式，內政部業於75年8月21日台內勞字第
429276號函釋在案；有關此等人員如何核計資遣費疑義，請比
照該函規定辦理，若該事業單位適用之資遣辦法，對於「勞
工」部分年資與「公務員兼具勞工身分者」之年資，有併計資
遣費之規定，則依其規定辦理；若無併計規定者，則於其嗣後
資遣發給資遣費時，其標準依不同身分階段分別計算，即屬於
「勞工部分」之年資，依勞動基準法規定辦理，屬於「公務員
兼具勞工身分」之年資，使公務員法令規定辦理。

（五）延長工時工資

行政院勞工委員會82年5月4日(82)台勞動二字第24058號
函認為勞動基準法第84條但書規定：「但其他所定勞動條件優
於本法規定者，從其規定。」復依同法施行細則第50條後段規
定：「所稱其他所定勞動條件，係指……加班費而言。」故公
務員兼具勞工身分者之延長工時工資加給標準，應依勞動基準
法第24條規定辦理。

（六）勞動節應放假

內政部74年4月20日(74)台內勞字第307451號函認為適用勞動基準法之各業勞工及公務員兼具勞工身分者，依該法第37條，其施行細則第23、50條之規定，「五一」勞動節應放假一天，如該日因公務未能放假者，於徵得上述員工同意後可於該日工作，惟工資應依本法第39條規定加倍發給。又如該日適逢例假，翌日應補假一日。

（七）產假與特別休假選擇適用法令之疑義

1. 行政院勞工委員會80年7月4日(80)台勞動二字第09963號函及行政院勞工委員會80年9月18日(80)台勞動二字第23949號函：

(1) 勞動基準法第84條但書規定「但其他所定勞動條件優於本法規定者，從其規定」，故公務員兼具勞工身分者之產假與特別休假如何就公務員法令與勞動基準法令擇優適用疑義，本會所採見解已於78年2月28日以(78)台勞動三字第03572號函、78年9月11日以(78)台勞動三字第12622號函釋在案。至於依上開規定選擇適用後，於適用期間即應依該法令規定辦理。

(2) 本會80年7月4日(80)台勞動二字第09963號函，係指公務員兼具勞工身分者之產假或特別休假，可於各該假別權利產生時，就公務人員法令與勞動基準法令予以比較擇優適用。

2. 行政院勞工委員會78年2月28日(78)台勞動三字第03572號函：查產假係對於女性勞工之特別保護，故明訂於勞動基準法中，該法第50條第1項規定，女工分娩前後應停止工作，給予產假八星期。適用勞動基準法與公務人員請假規則之事

業單位，其公務員兼具勞工身分者之產假，如公務人員請假規則未有較優規定，仍應依勞動基準法第50條規定辦理。

3. 行政院勞工委員會78年9月11日(78)台勞動三字第12622號函：

(1) 公務員兼具勞工身分者之勞動條件，勞動基準法第84條但書規定「但其所定勞動條件優於本法規定者，從其規定。」故如低於該法者，即應依該法標準。有關產假因公務員法令標準低於勞動基準法，故本會77年6月28日勞動三字第12926號函及78年2月28日勞動三字第03572號函釋，如公務人員請假規則未有較優規定，仍應依勞動基準法第50條規定辦理，上開函釋與內政部75年2月21日台內勞字第385614號函釋無關。

(2) 至於公務員兼具勞工身分者之特別休假，以其特別休假權利產生之時點為判斷，按其各該年度可得適用之公務人員法令與勞動基準法相比較如有優於該法者可從其規定，如低於該法者，即應依該法之規定。

4. 行政院勞工委員會82年7月3日(82)台勞動二字第38041號函：公務員兼具勞工身分者，請特別休假選擇適用法令疑義乙案，本會已於78年9月11日(78)台勞動三字第12622號函釋在案。本案純勞工改變為公務員兼具勞工身分時，其特別休假如不適用公務人員有關法令，自應依勞動基準法辦理。

（八）平均工資

依內政部76年5月26日(76)台內勞字第503125號函認為：

1. 公營事業單位勞工改變為公務員兼具勞工身分者，於改變為公務員兼具勞工身分當時前六個月內，如有延長工作時間之事實，其依本部76年4月3日台內勞字第488243號函釋，計算

勞工身分年資退休金之平均工資時，應將延長工作時間工資
列入平均工資計算退休金。惟上開延長工作時間無紀錄資料
可查，於計算退休金時，得不列入計算。

2. 前述延長工作時間工資之計算，以其改變為公務員兼具勞工
身分時之等級，按退休時相同或相當工稱、等級現職人員延
長工作時間工資計給標準計算之。

（九）身分認定及退休年資

　　依行政院勞工委員會83年9月9日(83)台勞動三字第80294
號函認為：

1. 有關適用勞動基準法公營事業單位勞工改任同一事業單位公
務員兼具勞工身分職員，其嗣後退休，發給退休金原則，前
勞工行政主管機關內政部76年4月3日(76)台內勞字第488243
號函釋在案。依該函說明三，公營事業單位勞工改任同一事
業單位公務員兼具勞工身分職員，依不同身分階段分別計算
退休金，其退休年資既先採計屬於公務員兼具勞工身分之全
部年資，依公務員法令核給退休金，如其採計年資不足三十
年者，就其不足部分再另就其曾任勞工之年資，依勞動基準
法規定核給退休金；又其平均工資以其改為公務員兼具勞工
身分時之等級為準，按退休持相同或相當工稱、等級現職人
員之平均工資計算。因平均工資之計算係以事由發生之當日
前六個月所得工資總額除以該期間之總日數所得之金額，至
計算其曾任勞工之年資應以轉換為公務員兼具勞工身分之當
年往前推計其任勞工身分，計算其不足三十年之年資。

2. 關於依「各機關學校團體駐衛警察設置管理辦法」僱用之駐
衛警察身分認定，依該辦法第7條規定：「駐衛警察由各駐

在單位……自費僱用之。……」，故該等人員如受僱於勞動基準法適用單位，即為該法所稱之勞工。

（十）免予提繳積欠工資墊償基金

依內政部77年7月10日(76)台內勞字第517583號函認為：

1. 本部75年9月22日台內勞字第430353號函釋，有關事業單位得暫不參加提繳本基金說明二之（二），公營事業機構屬勞動基準法第84條及同法施行細則第50條所稱公務員兼具勞工身分者，其保險係適用公務法令，除具公、勞保雙重身分經選擇志願參加勞工保險者外，該公營事業於提繳本基金時，得剔除該等人員，不須參加提繳本基金。

2. 茲修正上開規定如下：「（二）公營事業機構屬勞動基準法第84條及該法施行細則第50條所稱公務員兼具勞工身分者，均免予提繳本基金。」

（十一）仍應提撥勞工退休準備金

內政部75年11月29日(75)台內勞字第457908號函認為適用勞動基準法之公營事業機構，其中公務員兼具勞工身分者之退休金可按年編列預算支應，惟勞工身分者之退休金，仍應依法提撥勞工退休準備金。

（十二）退休基金應否移入勞工退休準備金？

行政院勞工委員會82年2月27日(82)台勞動三字第10890號函認為：勞動基準法第84條規定，公務員兼具勞工身分者，其退休事項，應適用公務員法令規定，而勞工退休準備金提撥及管理辦法，係為實施勞動基準法第56條規定提撥及管理勞工退休準備金所訂定之辦法，故公營事業單位為其公務員兼具勞工身分者依所得稅法所提撥之退休金，可不移入勞工退休準備金

專戶內，惟不移入者，該等人員之退休金不得自勞工退休準備金支應。

第84條之1（另行約定之工作者）

經中央主管機關核定公告之下列工作者，得由勞雇雙方另行約定，工作時間、例假、休假、女性夜間工作，並報請當地主管機關核備，不受第三十條、第三十二條、第三十六條、第三十七條、第四十九條規定之限制。

一、監督、管理人員或責任制專業人員。

二、監視性或間歇性之工作。

三、其他性質特殊之工作。

前項約定應以書面為之，並應參考本法所定之基準且不得損及勞工之健康及福祉。

解說

　　因為本法大部分之規定均屬於強制規定，不能以勞資雙方之約定來排除適用，因此對於少數特殊之行業工作而言，會有些恪恪不入。因此本條文於85年12月27日增訂公布，於符合第1項之例外情形時，可排除第30條、第32條、第36條、第37條及第49條等之限制，而由勞雇雙方另行約定工作時間、例假、女性夜間工作等勞動條件；惟若勞雇雙方協議不成呢？應係仍適用上述第30條等條文才是。

（一）核備：若未報請當地主管機關核備，勞雇雙方之此類約定是否有效？判決曾有正反不同之見解，但後來司法院大法官會議第726號解釋認為：「勞動基準法第84條之1

有關勞雇雙方對於工作時間、例假、休假、女性夜間工作有另行約定時，應報請當地主管機關核備之規定，係強制規定，如未經當地主管機關核備，該約定尚不得排除同法第30條、第32條、第36條、第37條及第49條規定之限制，除可發生公法上不利於雇主之效果外，如發生民事爭議，法院自應於具體個案，就工作時間等事項另行約定而未經核備者，本於落實保護勞工權益之立法目的，依上開第30條等規定予以調整，並依同法第24條、第39條規定計付工資，故已解決此項爭議。」

（二）何謂不得損及勞工之健康及福止？勞動部有訂定相關之審核參考指引，請至官方網站瀏覽。

（三）是否屬於「經中央主管機關核定公告之工作者」：則可至勞動部網站查詢。若非屬之，則不得約定為「責任制」，亦即縱有約定，亦屬無效之約定，勞工仍得請求加班費、假日工資等。因為這類例外之工作者很少，所以在職場上，若雇主向求職者或勞工告知「適用責任制、故不給付加班費或假日工作之工資」，則大部分都是屬於無效之約定，雇主不僅應補給勞工款項，而且還會遭到處罰。

（四）施行細則：

1. 第50條之1：本法第84條之1第1項第1款、第2款所稱監督、管理人員、責任制專業人員、監視性或間歇性工作，依左列規定：

(1) 監督、管理人員：係指受雇主僱用，負責事業之經營及管理工作，並對一般勞工之受僱、解僱或勞動條件具有決定權力之主管級人員。

(2) 責任制專業人員：係指以專門知識或技術完成一定任務並負責其成敗之工作者。

(3) 監視性工作：係指於一定場所以監視為主之工作。

(4) 間歇性工作：係指工作本身以間歇性之方式進行者。

2. 第50條之2：雇主依本法第84條之1規定將其與勞工之書面約定報請當地主管機關核備時，其內容應包括職稱、工作項目、工作權責或工作性質、工作時間、例假、休假、女性夜間工作等有關事項。

第84條之2（工作年資之計算）

勞工工作年資自受僱之日起算，適用本法前之工作年資，其資遣費及退休金給與標準，依其當時應適用之法令規定計算；當時無法令可資適用者，依各該事業單位自訂之規定或勞雇雙方之協商計算之。適用本法後之工作年資，其資遣費與退休金給與標準，依第十七條及第五十五條規定計算。

解說

　　本條文係85年12月27日增訂公布之條文，解決舊施行細則第17條及第28條「逾越母法」之爭議，並確立「勞工工作年資自受僱日起算」與「資遣費及退休金給與標準不溯及既往及分段計算給付」等原則。而適用本法前之工作年資，其資遣費及退休金給與標準，如果當時無法令可資適用，該單位又無自訂規定者，依本條文之規定，雖可由勞雇雙方協商計算之，但問題是若雙方協議不成，勞工還是無法可領。

第85條（施行細則）

本法施行細則，由中央主管機關擬定，報請行政院核定。

解說

　　內政部於74年2月27日發布「勞動基準法施行細則」全文51條，並經多次修正、增刪部分條文，本書已於本法之相關條文中一併介紹。

　　另請注意施行細則第50條之3規定：「勞工因終止勞動契約或發生職業災害所生爭議，提起給付工資、資遣費、退休金、職業災害補償或確認僱傭關係存在之訴訟，得向中央主管機關申請扶助。前項扶助業務，中央主管機關得委託民間團體辦理。」目前於勞動部及各地政府，均有相關補助措施，亦可至法律扶助基金會各地分會尋求扶助。

第86條（施行日）

本法自公布日施行。

本法中華民國八十九年六月二十八日修正公布之第三十條第一項及第二項，自九十年一月一日施行；一百零四年二月四日修正公布之第二十八條第一項，自公布後八個月施行；一百零四年六月三日修正公布之條文，自一百零五年一月一日施行；一百零五年十二月二十一日修正公布之第三十四條第二項施行日期，由行政院定之、第三十七條及第三十八條，自一百零六年一月一日施行。

本法中華民國一百零七年一月十日修正之條文，自一百零七年三月一日施行。

解說

　　本條文是規定歷次修法之施行時間，而107年1月31日修正
公布之條文，是自107年3月1日施行。

|附　錄|
勞動基準法施行細則

- 民國104年10月23日勞動部令修正發布第15、29條條文；增訂第29條之1、50條之4條文；並刪除第8條條文。
- 民國104年12月9日勞動部令修正發布第20條之1、21、23、25、51條條文；增訂第23條之1、24條之1條文；刪除第14條條文；並自105年1月1日施行。
- 民國105年6月21日勞動部令發布，104年12月9日修正發布，並自105年1月1日施行之勞動基準法施行細則部分條文，依行政程序法第8條、第48條及立法院職權行使法第62條規定，自105年6月21日起失效；另自105年6月21日起，適用104年12月9日修正發布，並自105年1月1日施行前之勞動基準法施行細則條文。

   民國105年6月21日勞動部令發布，勞動基準法（以下簡稱本法）第30條第1項規定：「勞工正常工作時間，每日不得超過八小時，每週不得超過四十小時。」，於104年6月3日修正公布，並自105年1月1日施行。故本法所稱「雇主延長勞工工作之時間」，指勞工每日工作時間超過八小時或每週工作總時數超過四十小時之部分。但依本法第30條第2項、第3項或第30條之1第1項第1款變更工作時間者，為超過變更後工作時間之部分；另，104年12月9日修正發布，並自105年月1日施行前之勞動基準法施行細則第20條之1之規定，不適用之。
- 民國105年10月7日勞動部令修正發布第25條條文；並增訂第7條之1～7條之3條文。

- 民國106年6月16日勞動部令修正發布第2、7、11、20、20條之1、21、24條條文;增訂第14條之1、23條之1、24條之1～24條之3條文;並刪除第14、23、48、49條條文。
- 民國107年2月27日勞動部令修正發布第20、22、24條之1、37條條文;並增訂第22條之1～22條之3條文。
- 民國108年2月14日勞動部令修正發布第34條之1條文。

第一章　總則

第 1 條　本細則依勞動基準法(以下簡稱本法)第八十五條規定訂定之。

第 2 條　依本法第二條第四款計算平均工資時,下列各款期日或期間均不計入:

一、發生計算事由之當日。

二、因職業災害尚在醫療中者。

三、依本法第五十條第二項減半發給工資者。

四、雇主因天災、事變或其他不可抗力而不能繼續其事業,致勞工未能工作者。

五、依勞工請假規則請普通傷病假者。

六、依性別工作平等法請生理假、產假、家庭照顧假或安胎休養,致減少工資者。

七、留職停薪者。

第 3 條　本法第三條第一項第一款至第七款所列各業,適用中華民國行業標準分類之規定。

第 4 條　本法第三條第一項第八款所稱中央主管機關指定之事業及第三項所稱適用本法確有窒礙難行者,係指中央主管機關依中華民國行業標準分類之規定指定者,並得僅指定各行業中之一部分。

第 4-1 條　(刪除)

第 5 條　勞工工作年資以服務同一事業單位為限，並自受僱當日起算。

適用本法前已在同一事業單位工作之年資合併計算。

第二章　勞動契約

第 6 條　本法第九條第一項所稱臨時性、短期性、季節性及特定性工作，依左列規定認定之：

一、臨時性工作：係指無法預期之非繼續性工作，其工作期間在六個月以內者。

二、短期性工作：係指可預期於六個月內完成之非繼續性工作。

三、季節性工作：係指受季節性原料、材料來源或市場銷售影響之非繼續性工作，其工作期間在九個月以內者。

四、特定性工作：係指可在特定期間完成之非繼續性工作。其工作期間超過一年者，應報請主管機關核備。

第 7 條　勞動契約應依本法有關規定約定下列事項：

一、工作場所及應從事之工作。

二、工作開始與終止之時間、休息時間、休假、例假、休息日、請假及輪班制之換班。

三、工資之議定、調整、計算、結算與給付之日期及方法。

四、勞動契約之訂定、終止及退休。

五、資遣費、退休金、其他津貼及獎金。

六、勞工應負擔之膳宿費及工作用具費。

七、安全衛生。

八、勞工教育及訓練。

九、福利。

十、災害補償及一般傷病補助。

十一、應遵守之紀律。

十二、獎懲。

十三、其他勞資權利義務有關事項。

第 7-1 條　離職後競業禁止之約定，應以書面爲之，且應詳細記載本法第九條之一第一項第三款及第四款規定之內容，並由雇主與勞工簽章，各執一份。

第 7-2 條　本法第九條之一第一項第三款所爲之約定未逾合理範疇，應符合下列規定：

一、競業禁止之期間，不得逾越雇主欲保護之營業秘密或技術資訊之生命週期，且最長不得逾二年。

二、競業禁止之區域，應以原雇主實際營業活動之範圍爲限。

三、競業禁止之職業活動範圍，應具體明確，且與勞工原職業活動範圍相同或類似。

四、競業禁止之就業對象，應具體明確，並以與原雇主之營業活動相同或類似，且有競爭關係者爲限。

第 7-3 條　本法第九條之一第一項第四款所定之合理補償，應就下列事項綜合考量：

一、每月補償金額不低於勞工離職時一個月平均工資百分之五十。

二、補償金額足以維持勞工離職後競業禁止期間之生活所需。

三、補償金額與勞工遵守競業禁止之期間、區域、職業活動範圍及就業對象之範疇所受損失相當。

四、其他與判斷補償基準合理性有關之事項。

前項合理補償，應約定離職後一次預爲給付或按月給付。

第 8 條　（刪除）

第 9 條　依本法終止勞動契約時，雇主應即結清工資給付勞工。

第三章　工資

第 10 條　本法第二條第三款所稱之其他任何名義之經常性給與係指左列各款以外之給與。

一、紅利。

二、獎金：指年終獎金、競賽獎金、研究發明獎金、特殊功績獎金、久任獎金、節約燃料物料獎金及其他非經常性獎金。

三、春節、端午節、中秋節給與之節金。

四、醫療補助費、勞工及其子女教育補助費。

五、勞工直接受自顧客之服務費。

六、婚喪喜慶由雇主致送之賀禮、慰問金或奠儀等。

七、職業災害補償費。

八、勞工保險及雇主以勞工為被保險人加入商業保險支付之保險費。

九、差旅費、差旅津貼及交際費。

十、工作服、作業用品及其代金。

十一、其他經中央主管機關會同中央目的事業主管機關指定者。

第 11 條　本法第二十一條所稱基本工資，指勞工在正常工作時間內所得之報酬。不包括延長工作時間之工資與休息日、休假日及例假工作加給之工資。

第 12 條　採計件工資之勞工所得基本工資，以每日工作八小時之生產額或工作量換算之。

第 13 條　勞工工作時間每日少於八小時者，除工作規則、勞動契約另有約定或另有法令規定者外，其基本工資得按工作時間比例計算之。

第 14 條　（刪除）

第14-1條　本法第二十三條所定工資各項目計算方式明細，應包括下列事項：

一、勞雇雙方議定之工資總額。

二、工資各項目之給付金額。

三、依法令規定或勞雇雙方約定，得扣除項目之金額。

四、實際發給之金額。

雇主提供之前項明細，得以紙本、電子資料傳輸方式或其他勞工可隨時取得及得列印之資料為之。

第 15 條　本法第二十八條第一項第一款所定積欠之工資，以雇主於歇業、清算或宣告破產前六個月內所積欠者為限。

第 16 條　勞工死亡時，雇主應即結清其工資給付其遺屬。

前項受領工資之順位準用本法第五十九條第四款之規定。

第四章　工作時間、休息、休假

第 17 條　本法第三十條所稱正常工作時間跨越二曆日者，其工作時間應合併計算。

第 18 條　勞工因出差或其他原因於事業場所外從事工作致不易計算工作時間者，以平時之工作時間為其工作時間。但其實際工作時間經證明者，不在此限。

第 19 條　勞工於同一事業單位或同一雇主所屬不同事業場所工作時，應將在各該場所之工作時間合併計算，並加計往來於事業場所間所必要之交通時間。

第 20 條　雇主有下列情形之一者，應即公告周知：

一、依本法第三十條第二項、第三項或第三十條之一第一項第一款規定變更勞工正常工作時間。

二、依本法第三十條之一第一項第二款或第三十二條第一項、第二項、第四項規定延長勞工工作時間。

三、依本法第三十四條第二項但書規定變更勞工更換班次時之休息時間。

四、依本法第三十六條第二項或第四項規定調整勞工例假或休息日。

第20-1條　本法所定雇主延長勞工工作之時間如下：

一、每日工作時間超過八小時或每週工作總時數超過四十小時之部分。但依本法第三十條第二項、第三項或第三十條之一第一項第一款變更工作時間者，為超過變更後工作時間之部分。

二、勞工於本法第三十六條所定休息日工作之時間。

第 21 條　本法第三十條第五項所定出勤紀錄，包括以簽到簿、出勤卡、刷卡機、門禁卡、生物特徵辨識系統、電腦出勤紀錄系統或其他可資覈實記載出勤時間工具所為之紀錄。

前項出勤紀錄，雇主因勞動檢查之需要或勞工向其申請時，應以書面方式提出。

第 22 條　本法第三十二條第二項但書所定每三個月，以每連續三個月為一週期，依曆計算，以勞雇雙方約定之起迄日期認定之。

本法第三十二條第五項但書所定坑內監視為主之工作範圍如下：

一、從事排水機之監視工作。

二、從事壓風機或冷卻設備之監視工作。

三、從事安全警報裝置之監視工作。

四、從事生產或營建施工之紀錄及監視工作。

第22-1條　本法第三十二條第三項、第三十四條第三項及第三十六條第五項所定雇主僱用勞工人數，以同一雇主僱用適用本法之勞工人數計算，包括分支機構之僱用人數。

本法第三十二條第三項、第三十四條第三項及第三十六條

第五項所定當地主管機關，爲雇主之主事務所、主營業所或公務所所在地之直轄市政府或縣（市）政府。

本法第三十二條第三項、第三十四條第三項及第三十六條第五項所定應報備查，雇主至遲應於開始實施延長工作時間、變更休息時間或調整例假之前一日爲之。但因天災、事變或突發事件不及報備查者，應於原因消滅後二十四小時內敘明理由爲之。

第22-2條　本法第三十二條之一所定補休，應依勞工延長工作時間或休息日工作事實發生時間先後順序補休。補休之期限逾依第二十四條第二項所約定年度之末日者，以該日爲期限之末日。

前項補休期限屆期或契約終止時，發給工資之期限如下：

一、補休期限屆期：於契約約定之工資給付日發給或於補休期限屆期後三十日內發給。

二、契約終止：依第九條規定發給。

勞工依本法第三十二條之一主張權利時，雇主如認爲其權利不存在，應負舉證責任。

第22-3條　本法第三十六條第一項、第二項第一款及第二款所定之例假，以每七日爲一週期，依曆計算。雇主除依同條第四項及第五項規定調整者外，不得使勞工連續工作逾六日。

第 23 條　（刪除）

第23-1條　本法第三十七條所定休假遇本法第三十六條所定例假及休息日者，應予補假。但不包括本法第三十七條指定應放假之日。

前項補假期日，由勞雇雙方協商排定之。

第 24 條　勞工於符合本法第三十八條第一項所定之特別休假條件時，取得特別休假之權利；其計算特別休假之工作年資，應依第五條之規定。

依本法第三十八條第一項規定給予之特別休假日數，勞工得於勞雇雙方協商之下列期間內，行使特別休假權利：

一、以勞工受僱當日起算，每一週年之期間。但其工作六個月以上一年未滿者，為取得特別休假權利後六個月之期間。

二、每年一月一日至十二月三十一日之期間。

三、教育單位之學年度、事業單位之會計年度或勞雇雙方約定年度之期間。

雇主依本法第三十八條第三項規定告知勞工排定特別休假，應於勞工符合特別休假條件之日起三十日內為之。

第24-1條　本法第三十八條第四項所定年度終結，為前條第二項期間屆滿之日。

本法第三十八條第四項所定雇主應發給工資，依下列規定辦理：

一、發給工資之基準：

（一）按勞工未休畢之特別休假日數，乘以其一日工資計發。

（二）前目所定一日工資，為勞工之特別休假於年度終結或契約終止前一日之正常工作時間所得之工資。其為計月者，為年度終結或契約終止前最近一個月正常工作時間所得之工資除以三十所得之金額。

（三）勞雇雙方依本法第三十八條第四項但書規定協商遞延至次一年度實施者，按原特別休假年度終結時應發給工資之基準計發。

二、發給工資之期限：

（一）年度終結：於契約約定之工資給付日發給或於年度終結後三十日內發給。

（二）契約終止：依第九條規定發給。

勞僱雙方依本法第三十八條第四項但書規定協商遞延至次一年度實施者，其遞延之日數，於次一年度請休特別休假時，優先扣除。

第24-2條　本法第三十八條第五項所定每年定期發給之書面通知，依下列規定辦理：

一、雇主應於前條第二項第二款所定發給工資之期限前發給。

二、書面通知，得以紙本、電子資料傳輸方式或其他勞工可隨時取得及得列印之資料為之。

第24-3條　本法第三十九條所定休假日，為本法第三十七條所定休假及第三十八條所定特別休假。

第五章　童工、女工

第 25 條　本法第四十四條第二項所定危險性或有害性之工作，依職業安全衛生有關法令之規定。

第 26 條　雇主對依本法第五十條第一項請產假之女工，得要求其提出證明文件。

第六章　退休

第 27 條　本法第五十三條第一款、第五十四條第一項第一款及同條第二項但書規定之年齡，應以戶籍記載為準。

第 28 條　（刪除）

第 29 條　本法第五十五條第三項所定雇主得報經主管機關核定分期給付勞工退休金之情形如下：

一、依法提撥之退休準備金不敷支付。

二、事業之經營或財務確有困難。

第29-1條　本法第五十六條第二項規定之退休金數額，按本法第五十五條第一項之給與標準，依下列規定估算：

一、勞工人數：為估算當年度終了時適用本法或勞工退休

　　　　金條例第十一條第一項保留本法工作年資之在職勞
　　　　工，且預估於次一年度內成就本法第五十三條或第
　　　　五十四條第一項第一款退休條件者。

　　二、工作年資：自適用本法之日起算至估算當年度之次一
　　　　年度終了或選擇適用勞工退休金條例前一日止。

　　三、平均工資：爲估算當年度終了之一個月平均工資。

　　前項數額以元爲單位，角以下四捨五入。

第七章　職業災害補償

第 30 條　雇主依本法第五十九條第二款補償勞工之工資，應於發給
　　　　　工資之日給與。

第 31 條　本法第五十九條第二款所稱原領工資，係指該勞工遭遇職
　　　　　業災害前一日正常工作時間所得之工資。其爲計月者，以
　　　　　遭遇職業災害前最近一個月正常工作時間所得之工資除以
　　　　　三十所得之金額，爲其一日之工資。

　　　　　罹患職業病者依前項規定計算所得金額低於平均工資者，
　　　　　以平均工資爲準。

第 32 條　依本法第五十九條第二款但書規定給付之補償，雇主應於
　　　　　決定後十五日內給與。在未給與前雇主仍應繼續爲同款前
　　　　　段規定之補償。

第 33 條　雇主依本法第五十九條第四款給與勞工之喪葬費應於死亡
　　　　　後三日內，死亡補償應於死亡後十五日內給付。

第 34 條　本法第五十九條所定同一事故，依勞工保險條例或其他法
　　　　　令規定，已由雇主支付費用補償者，雇主得予以抵充之。
　　　　　但支付之費用如由勞工與雇主共同負擔者，其補償之抵充
　　　　　按雇主負擔之比例計算。

第34-1條　勞工因遭遇職業災害而致死亡或失能時，雇主已依勞工保
　　　　　險條例規定爲其投保，並經保險人核定爲職業災害保險事

故者，雇主依本法第五十九條規定給予之補償，以勞工之平均工資與平均投保薪資之差額，依本法第五十九條第三款及第四款規定標準計算之。

第八章　技術生

第 35 條　雇主不得使技術生從事家事、雜役及其他非學習技能為目的之工作。但從事事業場所內之清潔整頓，器具工具及機械之清理者不在此限。

第 36 條　技術生之工作時間應包括學科時間。

第九章　工作規則

第 37 條　雇主於僱用勞工人數滿三十人時應即訂立工作規則，並於三十日內報請當地主管機關核備。

本法第七十條所定雇主僱用勞工人數，依第二十二條之一第一項規定計算。

工作規則應依據法令、勞資協議或管理制度變更情形適時修正，修正後並依第一項程序報請核備。

主管機關認為有必要時，得通知雇主修訂前項工作規則。

第 38 條　工作規則經主管機關核備後，雇主應即於事業場所內公告並印發各勞工。

第 39 條　雇主認有必要時，得分別就本法第七十條各款另訂單項工作規則。

第 40 條　事業單位之事業場所分散各地者，雇主得訂立適用於其事業單位全部勞工之工作規則或適用於該事業場所之工作規則。

第十章　監督及檢查

第 41 條　中央主管機關應每年定期發布次年度勞工檢查方針。

檢查機構應依前項檢查方針分別擬定各該機構之勞工檢查

計畫，並於檢查方針發布之日起五十日內報請中央主管機關核定後，依該檢查計畫實施檢查。

第 42 條　勞工檢查機構檢查員之任用、訓練、服務，除適用公務員法令之規定外，由中央主管機關定之。

第 43 條　檢查員對事業單位實施檢查時，得通知事業單位之雇主、雇主代理人、勞工或有關人員提供必要文件或作必要之說明。

第 44 條　檢查員檢查後，應將檢查結果向事業單位作必要之說明，並報告檢查機構。

　　　　檢查機構認為事業單位有違反法令規定時，應依法處理。

第 45 條　事業單位對檢查結果有異議時，應於通知送達後十日內向檢查機構以書面提出。

第 46 條　本法第七十四條第一項規定之申訴得以口頭或書面為之。

第 47 條　雇主對前條之申訴事項，應即查明，如有違反法令規定情事應即改正，並將結果通知申訴人。

第 48 條　（刪除）

第 49 條　（刪除）

第十一章　附則

第 50 條　本法第八十四條所稱公務員兼具勞工身分者，係指依各項公務員人事法令任用、派用、聘用、遴用而於本法第三條所定各業從事工作獲致薪資之人員。所稱其他所定勞動條件，係指工作時間、休息、休假、安全衛生、福利、加班費等而言。

第50-1條　本法第八十四條之一第一項第一款、第二款所稱監督、管理人員、責任制專業人員、監視性或間歇性工作，依左列規定：

　　　　一、監督、管理人員：係指受雇主僱用，負責事業之經營

　　　　　　　　及管理工作，並對一般勞工之受僱、解僱或勞動條件
　　　　　　　　具有決定權力之主管級人員。

　　　　二、責任制專業人員：係指以專門知識或技術完成一定任
　　　　　　　務並負責其成敗之工作者。

　　　　三、監視性工作：係指於一定場所以監視為主之工作。

　　　　四、間歇性工作：係指工作本身以間歇性之方式進行者。

第50-2條　雇主依本法第八十四條之一規定將其與勞工之書面約定報
　　　　　　請當地主管機關核備時，其內容應包括職稱、工作項目、
　　　　　　工作權責或工作性質、工作時間、例假、休假、女性夜間
　　　　　　工作等有關事項。

第50-3條　勞工因終止勞動契約或發生職業災害所生爭議，提起給付
　　　　　　工資、資遣費、退休金、職業災害補償或確認僱傭關係存
　　　　　　在之訴訟，得向中央主管機關申請扶助。
　　　　　　前項扶助業務，中央主管機關得委託民間團體辦理。

第50-4條　本法第二十八條第二項中華民國一百零四年二月六日修正
　　　　　　生效前，雇主有清算或宣告破產之情事，於修正生效後，
　　　　　　尚未清算完結或破產終結者，勞工對於該雇主所積欠之退
　　　　　　休金及資遣費，得於同條第二項第二款規定之數額內，依
　　　　　　同條第五項規定申請墊償。

第 51 條　本細則自發布日施行。

家圖書館出版品預行編目資料

動基準法／陳旻沂著. -- 十版. -- 臺
北市：書泉出版社, 2022.02
　　面；　公分. --（新白話六法系列；11）
3N 978-986-451-236-2（平裝）

勞動基準法

6.84　　　　　　　　　110016286

3TE7　新白話六法系列011

勞動基準法

作　　　者 ― 陳旻沂（272）
發 行 人 ― 楊榮川
總 經 理 ― 楊士清
總 編 輯 ― 楊秀麗
副總編輯 ― 劉靜芬
責任編輯 ― 黃郁婷、李孝怡、許珍珍
封面設計 ― 姚孝慈
出 版 者 ― 書泉出版社
地　　　址：106台北市大安區和平東路二段339號4樓
電　　　話：(02)2705-5066　　傳　真：(02)2706-6100
網　　　址：https://www.wunan.com.tw
電子郵件：shuchuan@shuchuan.com.tw
劃撥帳號：01303853
戶　　　名：書泉出版社

總 經 銷：貿騰發賣股份有限公司
電　　　話：(02)8227-5988　　傳　真：(02)8227-5989
網　　　址：http://www.namode.com

法律顧問　林勝安律師

出版日期　1997年 8 月初版一刷
　　　　　1998年10月二版一刷
　　　　　2002年 2 月三版一刷
　　　　　2002年12月四版一刷
　　　　　2009年 5 月五版一刷
　　　　　2012年 3 月六版一刷
　　　　　2016年10月七版一刷
　　　　　2018年 9 月八版一刷
　　　　　2021年 5 月九版一刷
　　　　　2022年 2 月十版一刷
　　　　　2023年 7 月十版二刷
定　　　價　新臺幣350元

經典永恆·名著常在

五十週年的獻禮 —— 經典名著文庫

五南，五十年了，半個世紀，人生旅程的一大半，走過來了。

思索著，邁向百年的未來歷程，能為知識界、文化學術界作些什麼？

在速食文化的生態下，有什麼值得讓人雋永品味的？

歷代經典・當今名著，經過時間的洗禮，千錘百鍊，流傳至今，光芒耀人；

不僅使我們能領悟前人的智慧，同時也增深加廣我們思考的深度與視野。

我們決心投入巨資，有計畫的系統梳選，成立「經典名著文庫」，

希望收入古今中外思想性的、充滿睿智與獨見的經典、名著。

這是一項理想性的、永續性的巨大出版工程。

不在意讀者的眾寡，只考慮它的學術價值，力求完整展現先哲思想的軌跡；

為知識界開啟一片智慧之窗，營造一座百花綻放的世界文明公園，

任君遨遊、取菁吸蜜、嘉惠學子！